元 中 都

——1998—2003年发掘报告

（下）

河北省文物研究所　编著

文物出版社

ZHONGDU IN YUAN DYNASTY
Report on the Excavation from 1998 to 2003

(WITH AN ENGLISH ABSTRACT)

（Ⅱ）

by

The Institute of Cultural Relics of Hebei Province

Cultural Relics Press

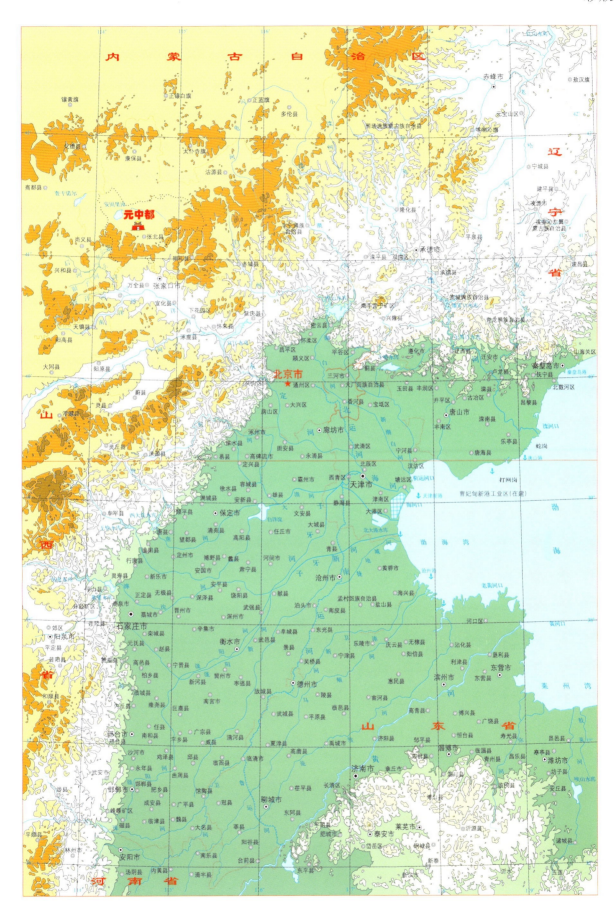

元中都在河北省的位置地形图

彩版二

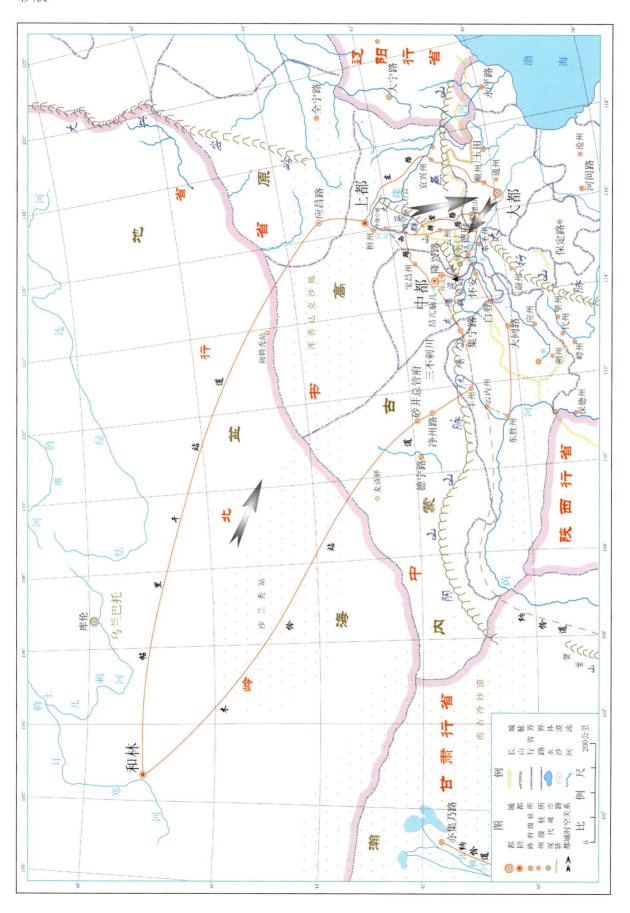

蒙元时期四都时空关系图

元中都全景图

中原保障长安道——交通咽喉"黑风口"（东→西）

客路入胡天——镇虎台坝口（东→西）

风骨峥嵘——野狐岭东延喜峰茶梁的长城（西→东）

天镜照蟠龙——野狐岭远眺白龙山长城

龙舞苍岭——威远门坝口烽台北延并行的长城（南→北）

险塞高标——苗菜梁山巅烽火台（北→南）

彩版一〇

横亘一脊缘绝境——野孤岭东段（东→西）

下视九州在深井——野狐岭西段（东→西）

西北天高控儿埃——传说"无穷之门"所在、烽台并立的土边坝（南→北）

远峰深壑锁烟岚——土边坝口望大行（北→南）

雁飞过此遇凤堕——土边坝现两段绝壁（南→北）

一沐春风万顷香——坝上之夏

异峰突起独傲然——桃山（今高山台）（北→南）

此途古代惯行兵——野狐岭南眺桃山和古城河川（北→南）

擒胡逆迤逦接嶲台——野狐岭南的嶲台岭、桃山和古城河（东北→西南）

与"野狐岭之战"古战场"瓮儿嘴"契合的前大营滩水库北山嘴（北→南）

前大营滩北山嘴东侧南通南通土边坝坝口的群鸟河河川（北→南）

由大坨达石柱群远眺与群马河共同夹持前大营滩北山山嘴的台路沟河 （西北→东南）

驿路迢迢万里秋——从土边坝口经虞台岭通向古城河川南达洋河河谷的道路（北→南）

斗折蛇行——野狐岭中部上坝小道（西→东）

深宫秘境——通向元中都宫城的道路（南→北）

霞衬烟笼绕苍城——朝霞中的元中都宫城东南角台（西→东）

瑰丽画卷——晚霞里的元中都宫城南墙（东北→西南）

细草和烟展翠茵——元中都西南侧草原（东→西）

晓来谁染霜林醉——元中都北侧林带（南→北）

坝上草原—望苍——元中都东侧草原（南→北）

黄叶纷纷舞劲风——穿过宫城西墙的原张化公路（东南→西北）

帝城云里深——元中都宫城（东南→西北）

从此北行登坝顶——穿越"黑风口" 上坝的207国道（南→北）

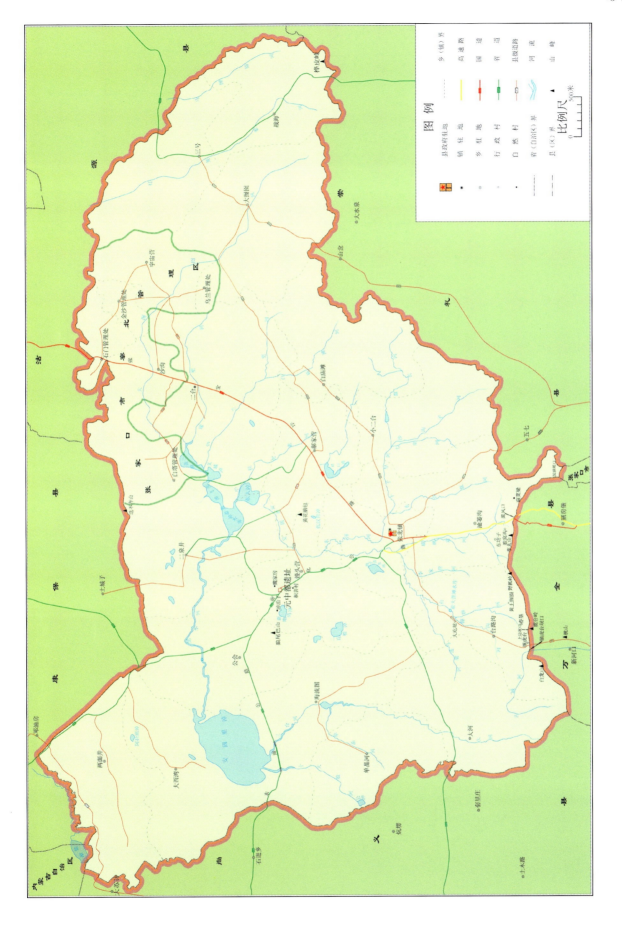

元中都交通水系图

坝头草坡和层层叠叠如链似带的梯田（东北→西南）

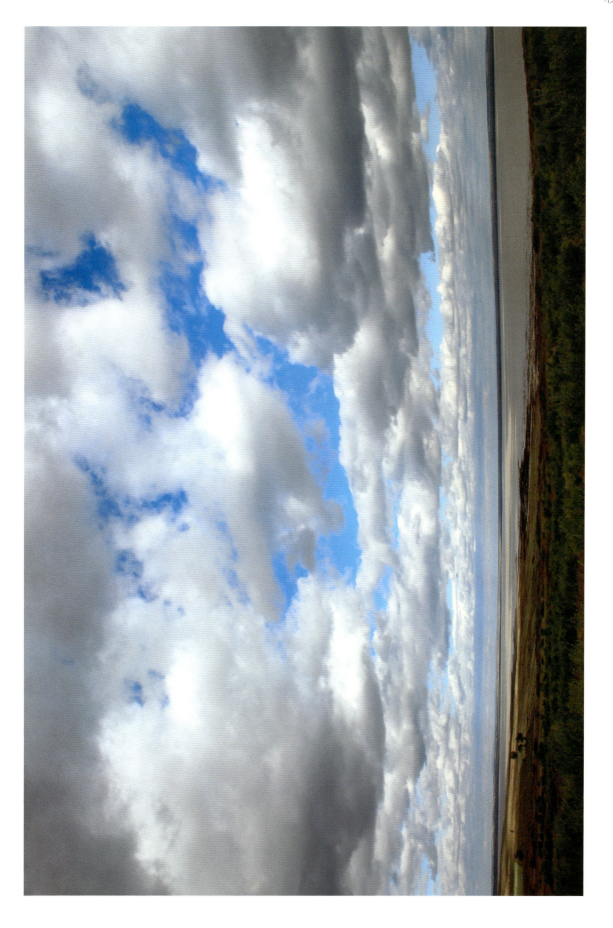

云水相依的安固里淖（西→东）

原隰多种艺——元中都与安固里淖之间地理风貌（东→西）

汇入安固里淖的主要河流之一——三台河（南→北）

畜牧多蕃滋——安固里淖放牧的羊群（东→西）

云冷鼠山秋——鼠山（今狼尾巴山）南部山顶（北→南）

鼠山（今狼尾巴山）中北部山顶（南→北）

日暮惟有牛羊声——鼠山（今狼尾巴山）以东中都西南侧放牧的牛群（东南→西北）

鼠山（今狼尾巴山）北坡野杏林（西北→东南）

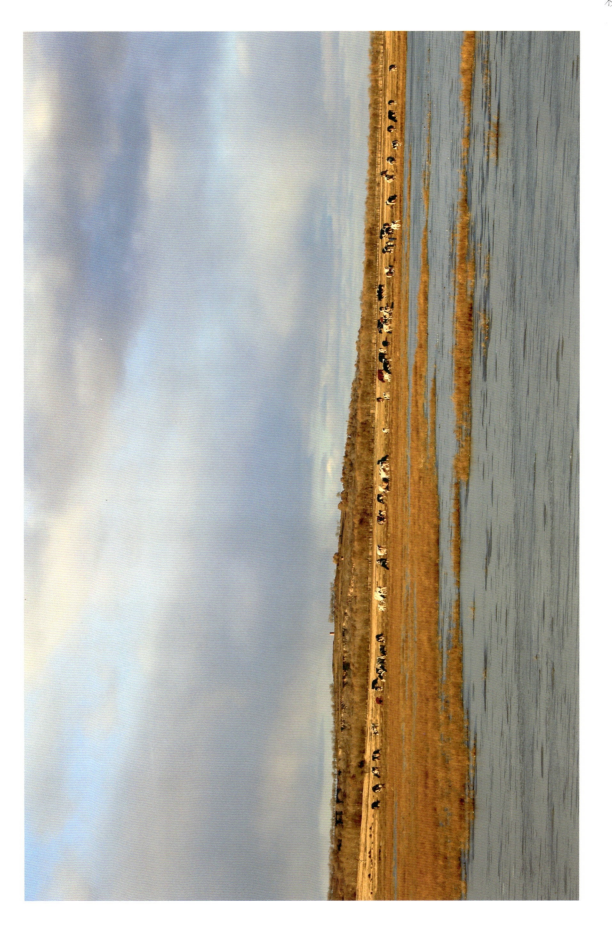

狼尾巴山遗址所在的鼠山（今狼尾巴山）北端远眺（南→北）

莘风剪浪花千片——新地湾淖（东→西）

塞鸿霜歌意万重——深秋盘桓狼尾巴山数以万计的大雁（东→西）

牛羊散漫乳酪香——新地湾洋东岸（南→北）

狼尾巴山东侧山湾里的苫草（东→西）

元中都东侧的黄花脑包（西→东）

雪路无行迹——穿越外城南区道路的冬天景象（南→北）

白城霜树欲栖鸦——冬日黄昏的元中都（密布鸟窝的杨树根植在皇城西墙根）

压城碧天落 垂地塞云横——风起云涌的元中都（东南→西北）

顾盼生姿——元中都城内的黄鼠（北→南）

开心乐园——元中都宫城东墙东端嬉戏的几只狐狸（东北→西南）

马鞍桥墓地

秋气堪悲未必然　轻寒正是可人天——坝上村庄马鞍桥（南→北）

秋入横林数叶红——土边坝口经夏台岭下坝道路东侧景色（南→北）

树树皆秋色——元中都外城北墙外侧林带（西→东）

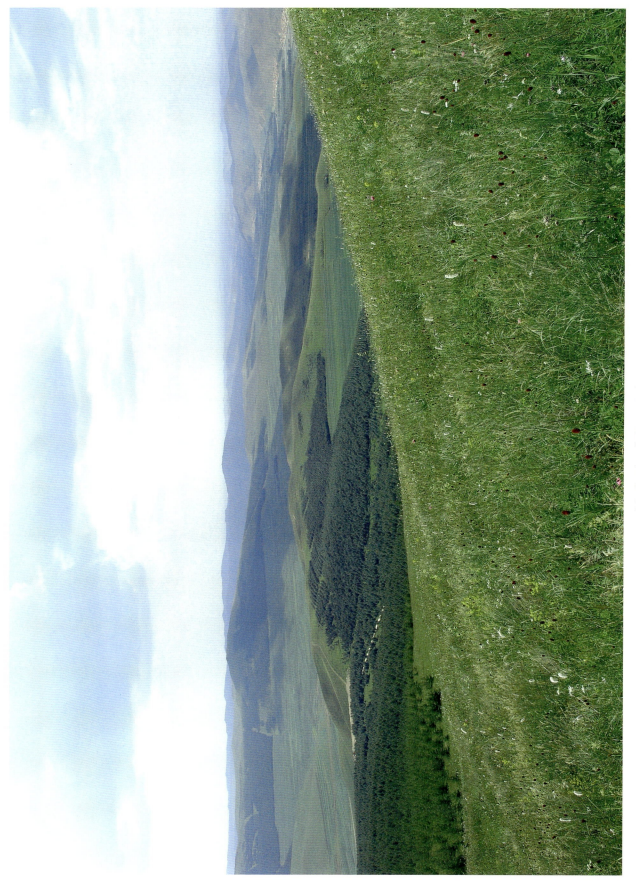

桦皮岭（南→北）

桦皮岭上的桦树林

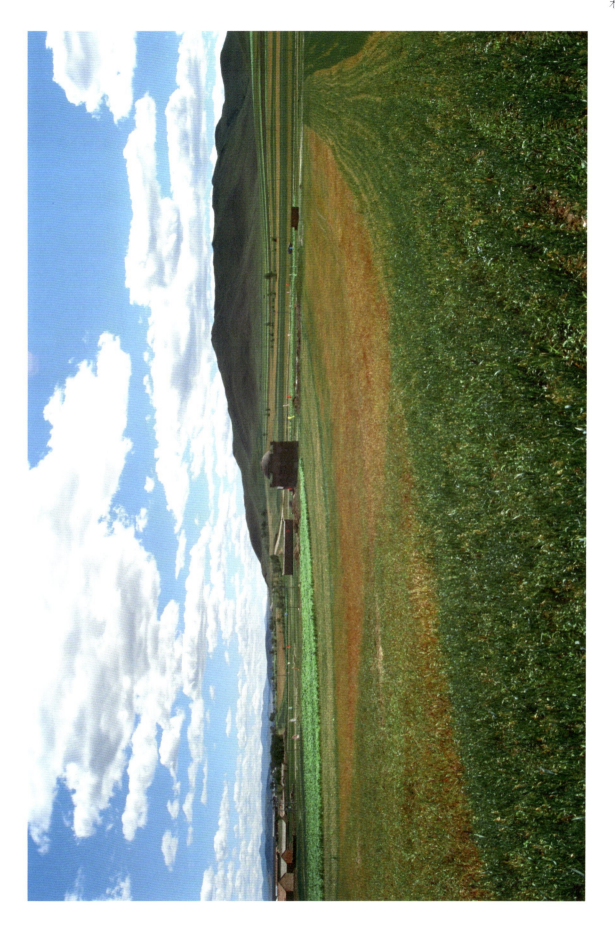

梳妆楼元代墓群所在的闪电河流域环境（北→南）

三百海青千骑马　用时随扈向凉陉——坐拥"凉陉"的大马群山（西→东）

一曲琴波儿夏凉——千回百转穿过金莲川的闪电河（东→西）

1. 石刻文字之一

2. 石刻文字之二

安固里淖岸边石刻文字

1. 石刻文字之三（局部）

2. 石刻文字之三（全貌）

安固里淖岸边石刻文字

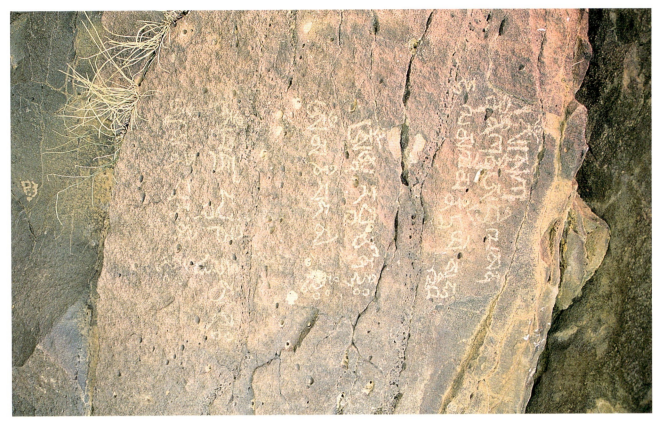

1. 石刻文字之四（局部）

2. 新地湾泉水遗迹（东南→西北）

安固里淖岸边石刻文字及新地湾泉水遗迹

1. 改流后南侧留下的冲沟（西→东）

2. 东侧汇集的清水

庙脚底泉水

元中都宫城远眺（东南→西北）

元中都宫城皇城热气球航拍照片（东→西）

1. 西墙南段内侧的泥坯夹层（东→西）

2. 东南角台遗址及其上部民国夯台（东南→西北）

宫城现状

1. 西南角台遗址上部的民国夯土围寨（西南→东北）

2. 南门遗址发掘前地貌（南→北）

宫城现状

宫城东北角台遗址及其上部民国十五年所筑夯土围塞（东南→西北）

宫城西北角台遗址及其上部民国十五年所筑夯土围寨（西北→东南）

1. 宫城西墙及上部民国围寨夯墙北段局部（西→东）

2. 原张化公路穿过宫城南墙遗址的情况（南→北）

宫城现状

1．原张化公路穿过宫城西墙遗址的情况（西→东）

2．西墙遗址北段、上部民国围寨及原张化公路穿过情况（北→南）

宫城现状

1．东墙遗址及其上部的民国围寨远眺（东南→西北）

2．东墙南段及其上部的民国围寨（南→北）

宫城现状

1. 月色中的宫城东墙遗址南段及其上部的民国围寨（东北→西南）

2. 东南角台北侧城墙遗址及其上部的民国围寨局部（东→西）

宫城现状

1．东墙南段内侧情况（西北→东南）

2．东墙与南墙相接的东南角部位（西→东）

宫城现状

1. 东墙遗址南段及其上部的民国夯土围寨局部（东→西）

2. 东墙遗址中段、民国围寨及正在玩耍的小狐狸

宫城现状

1．东门遗址内侧及其上部的民国围寨（西→东）

2．东门遗址外侧及其上部的民国围寨（东→西）

宫城东门现状

1. 东门（GDM1）与北侧的现代防空洞位置（东南→西北）

2. 东墙北段及其上部的民国围寨（北→南）

宫城东墙现状

1. 北段及其上部的民国围寨（东南→西北）

2. 北段的第一个豁口（西－东）

宫城东墙现状

1. 东南角台遗址及其上部的民国围寨角台东侧（东→西）

2. 东南角台遗址及其上部的民国围寨角台南侧（南→北）

宫城东南角现状

1. 西段的豁口（南→北）

2. 西段及其上部的民国围寨（西→东）

宫城南墙现状

1. 西段及其上部的民国围寨（西南→东北）

2. 东段及其上部的民国围寨（东南→西北）

宫城南墙现状

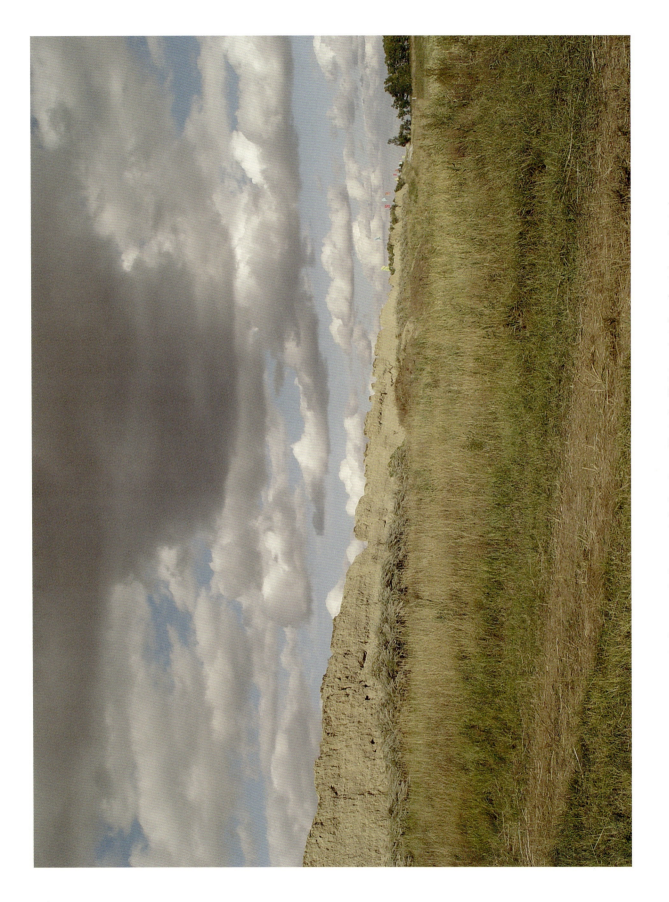

宫城南墙遗址西段豁口以东部分及其上部的民国围寨（西南→东北）

宫城南墙遗址东段及其上部的民国围寨（西南→东北）

1. 东段及其上部的民国围寨（东→西）

2. 与原张化公路交叉口东侧断面的防空洞（西→东）

宫城南墙现状

1．内侧发掘前地貌（北→南）

2．外侧东部堆积（南→北）

宫城南门现状

1. 南段及其上部的民国围寨西侧（西→东）

2. 南段及其上部的民国围寨（南→北）

宫城西墙现状

1. 上部民国围寨内侧泥坯夹层局部（东→西）

2. 内侧（东→西）

宫城西墙南段现状

1．西侧（西→东）

2．长满"富贵草"驼绒藜的东侧（东南→西北）

宫城西墙中段现状

宫城西墙及其上的民国围寨西侧（西南→东北）

1．外侧及其上部的民国围寨（西→东）

2．内侧及其上部的民国围寨（东→西）

宫城西门现状

1．中段元代墙体及其上的民国围寨（西南→东北）

2．北段原张化公路以北部分及其上部的民国围寨（西北→东南）

宫城西墙现状

1. 原张化公路以北部分及其上部的民国十五年围寨（西南→东北）

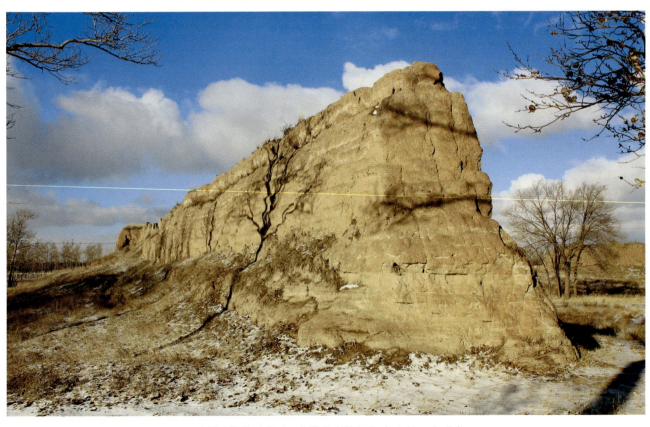

2. 被原张化公路打破的北侧断面（西南→东北）

宫城西墙北段现状

1. 被原张化公路打破的南侧断面（北→南）

2. 内侧原张化公路以南部分及其上部的民国围寨（东北→西南）

宫城西墙北段现状

1. 原张化公路以南部分及其上部的民国围寨（西北→东南）

2. 原张化公路以南局部及其上部的民国围寨（西→东）

宫城西墙北段现状

1. 原张化公路以南局部及其上部的民国围寨（西北→东南）

2. 原张化公路以南部分局部及其上部的民国围寨（西北→东南）

宫城西墙北段现状

1．与其上层民国围寨的位置关系（西→东）

2．纤木痕迹（西→东）

宫城西墙北段现状

1. 北段局部夹有砖瓦残块的民国夯土墙（西→东）

2. 西南角台遗址及其上部的民国围寨发掘前地貌（西南→东北）

宫城西墙现状

1. 西南角台遗址及其上部的民国围寨发掘前地貌（南→北）

2. 西北角台遗址及其上部的民国围寨西侧（西→东）

宫城西南角台和西北角台

宫城西墙遗址与远处的狼尾巴山相对位置（东→西）

1．穿越北墙东段通往魏家房子村的小道（西南→东北）

2．通往魏家房子村的小道穿越北墙东段的情况（南→北）

宫城北墙现状

1. 东北角台内侧（西→东）

2. 东北角台北侧（北→南）

宫城北墙东段现状

1. 北侧（北→南）

2. 南侧（南→北）

宫城北门现状

1. 全景（西→东）

2. 北侧全景（西北→东南）

宫城北墙现状

1. 西北角台内侧（东→西）

2. 上部夹有砖瓦残块的民国围寨（东北→西南）

宫城北墙西段现状

1. 西侧（西北→东南）

2. 北侧（北→南）

宫城西北角台现状

1．西北角台近景（西北→东南）

2．北墙西段（西北→东南）

宫城西北角台及北墙西段现状

1. 豁口之一（西北→东南）

2. 豁口之二（北→南）

宫城北墙西段的豁口

宫城东门远景（东→西）

1. 东侧近景（东→西）

2. 与弃置角柱位置关系（东北→西南）

宫城东门现状

1. 南段（南→北）

2. 北段（北→南）

皇城东墙现状

1．东南角（大柳树所在地）（东→西）

2．北墙中段（南→北）

皇城东南角和北墙中段现状

1．北墙现状（西→东）

2．西南角地貌（东→西）

皇城北墙和西南角地貌

1. 西南角地貌（钻探处）（西南→东北）

2. 旧张化土路叠压的皇城西墙与宫城西墙的相对位置关系（西南→东北）

皇城西南角地貌、皇城西墙与宫城西墙位置关系

1. HDS1处散落的砖块（南→北）

2. 南门以外东侧大片林带（南→北）

皇城东墙排水涵洞及南门东侧地貌

1. 南门所在位置的地形情况（东南→西北）

2. 东区北隔墙（南→北）

皇城南门及皇城东区北隔墙地形

1. 东区南隔墙（西北→东南）

2. 北区东隔墙（西北→东南）

皇城东区南隔墙和北区东隔墙

1．西区南隔墙（西北→东南）

2．西区北隔墙（东南→西北）

皇城西区隔墙现状

1. 东区南部地貌（西→东）

2. 东区南隔墙南部地貌（南→北）

皇城东区地貌

1．北区东部地貌（南→北）

2．东北部区域情况（东北→西南）

皇城北区地貌

1．西南部区域地貌（西南→东北）

2．南区南门北侧林带（西南→东北）

皇城南区地貌

1. 中部地貌（南→北）

2. 北部地貌（西南→西北）

皇城西区地貌

皇城西区南部地貌（西南→东北）

1. 南段（北→南）

2. 中段（南→北）

外城东墙现状

1．中段（东南→西北）

2．白沙淖干渠开挖其上的北段（北→南）

外城东墙现状

1. 小石桥处的外城东北角地貌（西南→东北）

2. 外城南墙西段及西南角处的树林（东北→西南）

外城东北角和西南角地貌

1. 西南角地貌（二人钻探处即为外城西南城角）（西北→东南）

2. 南墙与副墙位置关系（东北→西南）

外城西南角地貌、南墙与副墙位置关系

1．WNT1解剖（北→南）

2．WNT1西壁剖面（WNP1）（东→西）

外城南墙西段解剖探沟

1. 南段地貌（北→南）

2. 剖面位置WXP1（西→东）

外城西墙南段地貌及剖面位置

1. 西墙剖面WXP1局部（北→南）

2. 北墙中段（西→东）

外城西墙剖面及北墙中段地貌

1. 东段（远处可见宫城）（东北→西南）

2. 旧张化土路东侧路沟东壁中段剖面位置WBP1（北→南）

外城北墙东段地貌及中段剖面位置

1. 东南角内部（西北→东南）

2. 东南部（东南→西北）

宫城内部地貌

1．东南部（西南→东北）

2．东部（东南→西北）

宫城内部地貌

1. 西部（西南→东北）

2. 西南角内部（东北→西南）

宫城内部地貌

1. 南部（西南→东北）

2. 南部及南门内附广场西北侧围墙废弃堆积（原F32）（南→北）

宫城内部地貌

1. 一号殿址之北的中北部（南→北）

2. 东部（东北→西南）

宫城内部地貌

1. 北部（东北→西南）

2. 东北角内部（西南→东北）

宫城内部地貌

1. 西北部（西北→东南）

2. 西北角内部（东南→西北）

宫城内部地貌

1. 北侧（北→南）

2. 西侧（西→东）

宫城内建筑遗迹F3

1. F4北侧（西北→东南）

2. F5北侧（北→南）

宫城内建筑遗迹F4和F5

1. 东侧远景（东北→西南）

2. 东侧近景（东→西）

宫城内建筑遗迹F6

1. F7东侧（东北→西南）

2. F10北侧（北→南）

宫城内建筑遗迹F7和F10

1. F3、F10与F22位置关系（西北→东南）

2. F11（西→东）

宫城内建筑遗迹F3、F10、F22和F11

1. F11北侧（北→南）

2. F12东侧（东北→西南）

宫城内建筑遗迹F11和F12

1．F21（东北→西南）

2．F21、22、23位置关系（东北→西南）

宫城内建筑遗迹F21、F22和F23

1．F21、F22、F23位置关系（北→南）

2．F23北侧（西北→东南）

宫城内建筑遗迹F21、F22和F23

1．F22和F23（东→西）

2．F24西侧（西→东）

宫城内建筑遗迹F22、F23和F24

1．F25（东→西）

2．建筑遗址F24与F25相对位置（东→西）

宫城内建筑遗迹F24和F25

1．F24与F25相对位置（东北→西南）

2．F28（西南→东北）

宫城内建筑遗迹F24、F25和F28

1. 柱础之一

2. 柱础之二

宫城内建筑遗迹F30暴露的玄武岩柱础

1．F30被挖出的柱础（东南→西北）

2．H3及坑内挖出的土（东→西）

宫城内建筑遗迹F30柱础石和H3

1. F103地貌（东南→西北）

2. F201北侧（北→南）

皇城西区建筑遗迹F103和外城西区建筑遗迹F201

1. F201远景（西→东）

2. F201暴露的砖块（西→东）

外城西区建筑遗迹F201

1. 所在土梁远景（东南→西北）

2. 遗址地貌（东南→西北）

淖沿子遗址远景及地貌

1. 淖沿子遗址地表暴露的砖瓦（东南→西北）

2. 狼尾巴山北端山顶高丘东南侧现代瞭望塔（东北→西南）

淖沿子遗址遗物及狼尾巴山北端瞭望塔

1. 山顶表面露出的玄武岩石块（东→西）

2. 北端山顶高丘（南→北）

狼尾巴山暴露石块和北端山顶高丘

1. 高丘北侧（北→南）

2. 东部情况（东→西）

狼尾巴山北端山顶高丘

1. 东北部散落的砖块（西→东）

2. 东南部出露的砖块（南→北）

狼尾巴山北端山顶高丘遗物

1．柱础、灰砖

2．柱础、 灰砖、汉白玉石构件

散落魏家房村中的元中都遗物

采集石猴（ZWBSK：1）

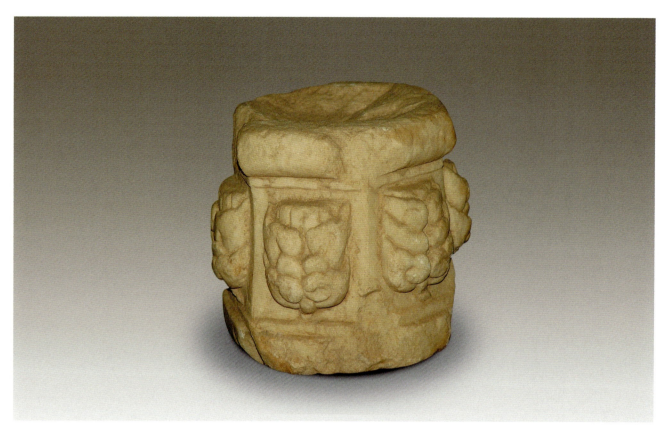

1. 柱头（ZWBSK ：3）

2. 望柱柱础（ZWBSK：5）

采集柱头和望柱柱础

1. 门枕石（ZWBSK：6）

2. 雕花石刻件（ZYBS：1）

采集或散落的元中都遗物

1. 柱础 (ZYBS: 3)

2. 柱础 (ZYBS: 4)

散落魏家房村中的玄武岩柱础

1. 泥质灰陶瓦当（ZYNCJ：1）

2. 雕花砖（ZYBS ：2）

采集的元中都遗物

1. 琉璃构件正面（ZWBSK：11）

2. 琉璃构件背面（ZWBSK：11）

采集的元中都遗物

皇城西南角台一带采集的部分瓷片

1．2000年立河北省文物保护单位元中都保护碑碑阳

2．2000年立河北省文物保护单位元中都保护碑碑阴

元中都遗址保护碑

1. 2001年全国重点文物保护单位元中都遗址保护碑

2. 宫城南门正在施工中的保护工程（东南→西北）

元中都遗址保护碑和保护工程

宫城南门门展示利用情况（西南东北）

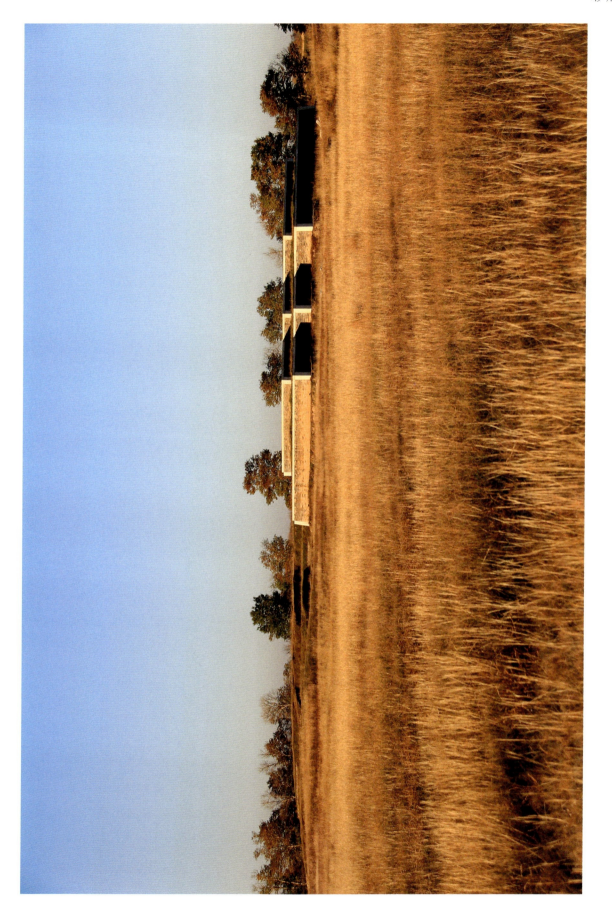

宫城一号殿址正在施工的保护工程（东北→西南）

宫城西南角台保护情况（西南→东北）

1.沙棘

2.油菜

3.油葵

4.芦草

5.莜麦

6.莜麦

元中都附近常见植物

1.生菜

2.胡麻

3.马铃薯

4.格桑花

5.黍子

6.甜菜

元中都附近主要农作物

1.野花

2.野草

3.野花

4.野花

5.野花

6.野草

元中都附近常见植物

1.野花

2.野花

3.野花

4.野花

5.野花

6.野花

元中都附近常见植物

1.野花

2.野花

3.野草

4.狼毒花

5.野花

6.马兰花

元中都附近常见植物

宫城西南角台外侧（西南→东北）

宫城西南角台内侧（北→南）

宫城西南角台内侧发掘至使用面情况（东→西）

宫城西南角台西侧（北→南）

宫城西南角角台西侧（西南→东北）

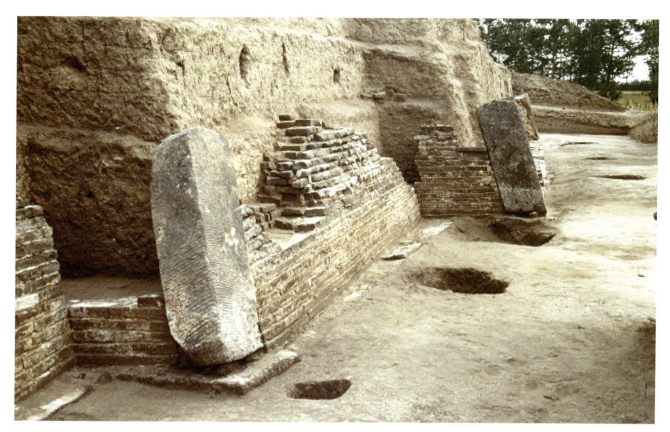

1. 外侧西壁角柱JZ2—JZ3之间结构（北→南）

2. 外侧西壁角柱JZ3及其北侧结构（西→东）

宫城西南角台外侧局部结构

宫城西南角角台外侧南壁（东→西）

1. 外侧南壁（东南→西北）

2. 内侧发掘至使用面时砖壁基槽情况

宫城西南角局部结构

宫城西南角台内侧南墙北壁发掘至始建面情况（东北→西南）

宫城西南角台内侧西墙东壁发掘至始建面情况（北→南）

宫城西南角角台外侧南壁（西南→东北）

1．当沟瓦前面（T4⑤：1）　　　　　2．当沟瓦内面（T4⑤：1）

3．垒脊条子瓦瓦背（T6⑤：5）　　　　4．垒脊条子瓦内面（T6⑤：5）

5．线道瓦瓦背（T6⑤：6）　　　　6．线道瓦内面（T6⑤：6）

宫城西南角台出土琉璃瓦

1. 檐口花头筒瓦瓦背（T6⑤：3）

2. 檐口花头筒瓦内面（T6⑤：3）

3. Aa型瓦当正面（T10⑤：12）

4. Aa型瓦当背面（T10⑤：12）

5. Aa型瓦当背面（T10⑤：11）

6. Aa型瓦当（T10⑤：20）

宫城西南角台出土琉璃檐口花头筒瓦

宫城西南角台出土Aa型琉璃瓦当（T10⑤：11）

1. Aa型（T10⑤：10）

2. Aa型（T10⑤：15）

3. Aa型背面（T10⑤：15）

4. Aa型（T10⑤：19）

5. Ab型（T10⑤：13）

6. 被火烧过的Ab型（T5⑤：6）

宫城西南角台出土琉璃瓦当

宫城西南角台出土B型琉璃瓦当（T10⑤：14）

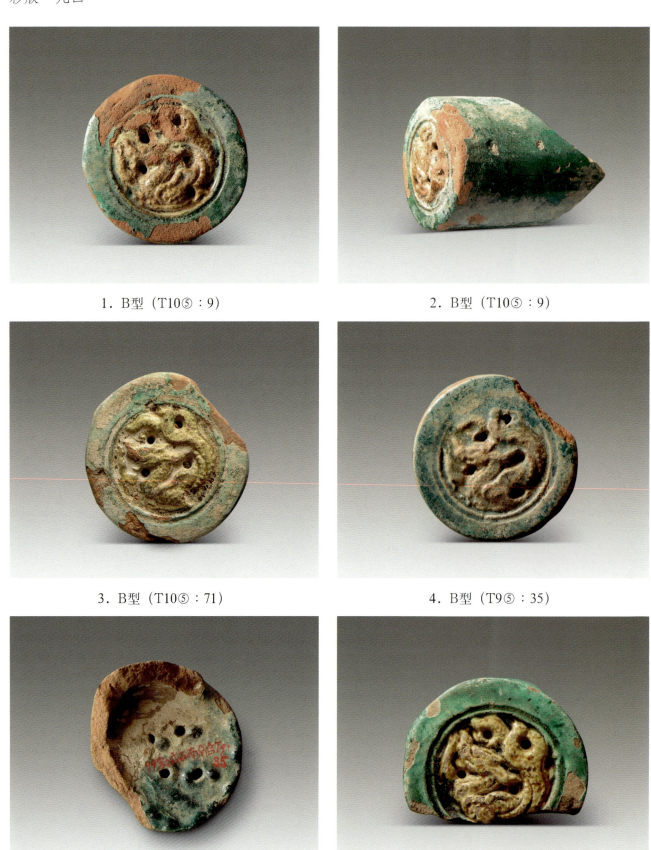

1．B型（T10⑤：9）

2．B型（T10⑤：9）

3．B型（T10⑤：71）

4．B型（T9⑤：35）

5．B型背面（T9⑤：35）

6．B型（T4⑤：2）

宫城西南角台出土琉璃瓦当

宫城西南角台出土C型琉璃瓦当（T1⑤：2）

1. C型瓦当背面（T1⑤：2）

2. C型瓦当（T6⑤：8）

3. C型瓦当（T10⑤：72）

4. 滴水（T1⑤：1）

5. 滴水（T1⑤：1）

6. 滴水（T10⑤：21）

宫城西南角台出土琉璃瓦当和滴水

宫城西南角台出土琉璃滴水（T10⑤：24）

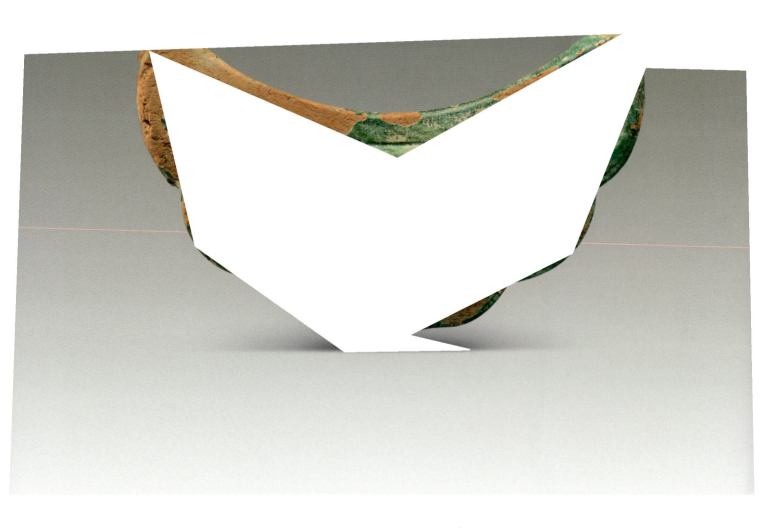

宫城西南角台出土琉璃滴水（T10⑤：21）

宫城西南角台出土琉璃滴水（T10⑤：23）

1. T10⑤：23

2. T10⑤：24

3. T2⑤：2

4. T9⑤：13

宫城西南角台出土琉璃滴水

1. T10⑤：2

2. T10⑤：2

3. T9⑤：1

4. T9⑤：1

宫城西南角台出土走兽龙头

1. 龙头（T10⑤：28）

2. 海马头（T3⑤：5）

3. 龙头（T9⑤：11）

宫城西南角台出土走兽龙头和海马头

宫城西南角台出土A型凤鸟（T10⑤：1）

1. T10⑤：1正面

2. T10⑤：1左侧

3. T10⑤：1后部

4. T10⑤：27左侧

宫城西南角台出土A型凤鸟

宫城西南角台出土B型凤鸟（T10⑤：4）

1. T10⑤：4右侧

2. T10⑤：4正面

3. T10⑤：4后部

4. T5⑤：3头左侧

宫城西南角台出土B型凤鸟

1．B型（T10⑤：3）　　　　　　　　　　　2．B型（T10⑤：3）

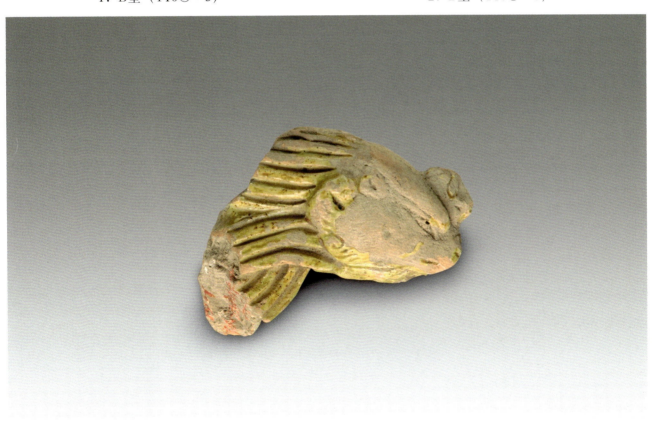

3．C型（T9⑤：4）

宫城西南角台出土B、C型凤鸟

宫城西南角台出土行什（T5⑤：1）

1. 左侧

2. 右侧

3. 后部

4. 顶部

宫城西南角台出行什（T5⑤：1）

1. 底座下面（T5⑤：1）

2. 底座上面（T5⑤：1）

3. 下部（T10⑤：3）

4. 头部（T9⑤：2）

宫城西南角台出土行什

2．T9⑤：9正面

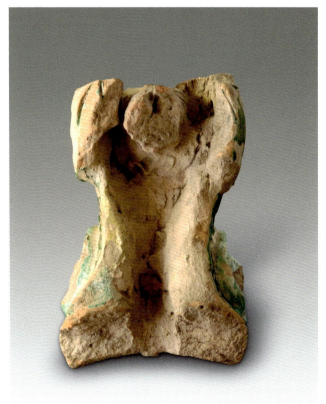

1．T9⑤：10（复原）
　　　　　　　　　　　　　　　　　　　　3．T9⑤：9后面

宫城西南角台出土行什

1. T9⑤：14

2. T10⑤：34

3. T9⑤：18

4. T9⑤：19

5. T10⑤：35

6. T7⑤：10

宫城西南角台出土走兽底座

1．底座（T8⑤：11）

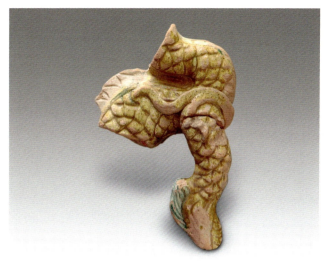

2．直立腿残块（T9⑤：8）

3．直立腿残块（T4⑤：4）

4．直立腿残块（T4⑤：10）

5．直立腿残块（T10⑤：67）

6．蜷曲腿残块（T10⑤：21）

宫城西南角台出土走兽

1. 蜷曲腿残块（T4⑤：5）

2. 躯体残块（T10⑤：68）

3. 蜷曲腿残块（T7⑤：37）

4. 蜷曲腿残块内面（T7⑤：37）

5. 躯体残块（T6⑤：4）

6. 尾部残块（T10⑤：69）

宫城西南角台出土走兽

1. 尾部残块（T10⑤：38）

2. 尾部残块（T10⑤：39）

3. 尾部残块（T8⑤：18）

4. 羽翼残块（T7⑤：32）

宫城西南角台出土走兽

1. 龙头上半部残块正面（T7⑤：1）

2. 龙头上半部残块正面（T10⑤：50）

3. 龙头上半部残块背面（T10⑤：50）

4. 龙头上半部残块正面（T10⑤：51）

宫城西南角台出土琉璃脊饰附板龙残块

1. 龙头上半部残块背面（T10⑤：51）

2. 下颌残块（T9⑤：32）

3. 下颌残块（T10⑤：58）

4. 龙耳朵（T10⑤：52）

5. 龙耳朵（T10⑤：52）

6. 龙耳朵（T10⑤：54）

宫城西南角台出土琉璃脊饰附板龙

1. 龙耳朵（T5⑤：13）

2. 腮肉（T8⑤：13）

3. 腮肉背面（T8⑤：13）

4. 鬣毛残块（T9⑤：21）

5. 鬣毛残块（T9⑤：22）

6. 鬣毛残块背面（T9⑤：22）

宫城西南角台出土琉璃脊饰附板龙残块

1. 鬣毛残块（T10⑤：29）

2. 鬣毛残块背面（T10⑤：29）

3. 鬣毛残块（T8⑤：14）

4. 鬣毛残块背面（T8⑤：14）

5. 牙状棘刺（T9⑤：24）

6. 牙状棘刺背面（T9⑤：24）

宫城西南角台出土琉璃脊饰附板龙残块

1．牙状棘刺（T9⑤：25）

2．牙状刺尖（T9⑤：26）

3．牙状棘刺（T7⑤：33）

4．牙状棘刺（T10⑤：57）

5．A型腿爪残块（T9⑤：7）

6．A型腿爪残块（T9⑤：6）

宫城西南角台出土琉璃脊饰附板龙残块

1. B型爪残块（T8⑤：1）

2. C型爪残块（T10⑤：6）

3. D型爪残块（T7⑤：11）

4. E型爪残块（T7⑤：12）

5. 浪花残块（T7⑤：19）

6. 浪花残块（T7⑤：20）

宫城西南角台出土琉璃脊饰附板龙残块

1. 浪花残块（T10⑤：63）

2. 流云残块（T9⑤：23）

3. 莲瓣残块（T7⑤：21）

4. 莲瓣残块（T7⑤：22）

5. 莲瓣残块（T7⑤：43）

6. 莲瓣残块（T7⑤：44）

宫城西南角台出土琉璃脊饰附板龙残块

1. 附板龙莲瓣残块（T7⑤：45）

2. 变体龙残块（T10⑤：66）

3. 变体龙残块（T8⑤：22）

4. 变体龙残块（T10⑤：64）

5. 变体龙残块（T10⑤：64）

6. 变体龙残块（T4⑤：7）

宫城西南角台出土琉璃脊饰附板龙和变体龙残块

1. T4⑤：8

2. T4⑤：9

3. T7⑤：38

4. T8⑤：19

5. T6⑤：9

宫城西南角台出土琉璃脊饰变体龙残块

1. 龙头上半部残块（T10⑤：46）

2. 龙头上半部残块（T10⑤：46）

3. 龙头上半部残块（T10⑤：44）

4. 龙头上半部残块（T10⑤：42）

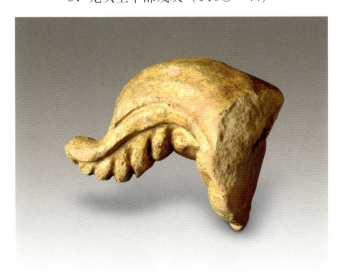

5. 吻部残块（T7⑤：17）

6. 吻部残块（T7⑤：18）

宫城西南角台出土琉璃脊饰圆雕龙残块

1. 吻部残块下面（T7⑤：18）

2. 吻部残块（T10⑤：47）

3. 吻部残块（T10⑤：48）

4. 吻部残块（T10⑤：48）

5. 下颌残块（T10⑤：26）

6. 下颌残块（T10⑤：26）

宫城西南角台出土琉璃脊饰圆雕龙残块

1. A型龙角（T10⑤：31）

2. 身段残块（T4⑤：6）

3. 鬣毛残块（T10⑤：55）

4. 鬣毛残块（T10⑤：55）

5. 火焰纹残块（T7⑤：23）

6. 火焰纹残块（T7⑤：24）

宫城西南角台出土琉璃脊饰圆雕龙残块

1. 花冠形饰件（T6⑤：1）

2. 龙爪残块（T3⑤：2）

3. 盘形残块（T8⑤：21）

4. 粘有红色和绿色颜料的牛肩胛骨（T3⑤：3）

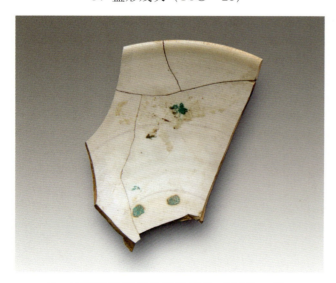

5. 粘附绿色颜料的瓷碗残片（T8⑧：3）

6. 粘附红色颜料的瓷碗残片（T9⑦：2）

宫城西南角台出土变体龙残块、牛肩甲骨和瓷片

宫城一号殿址发掘前地貌（北→南）

宫城一号殿址发掘前地貌（东→西）

宫城一号殿址鸟瞰（东→西）

宫城一号殿址东部侧视（东→西）

1．发掘至台基上层台面的探方（北→南）

2．东北角第Ⅰ区地层情况（东北→西南）

宫城一号殿址探方及地层

1. 第Ⅰ区地层堆积及↓E∠2－↓E∠3处的砖壁（东→西）

东配殿

2. 东北部侧视（东北→西南）

宫城一号殿址结构

宫城一号殿址西北部侧视（西北→东南）

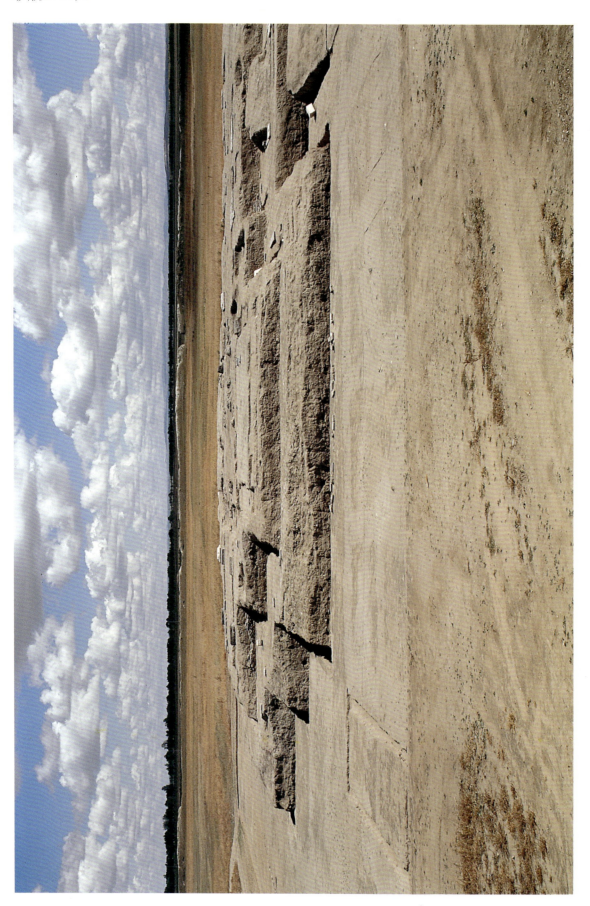

宫城一号殿址接殿西部侧视（西→东）

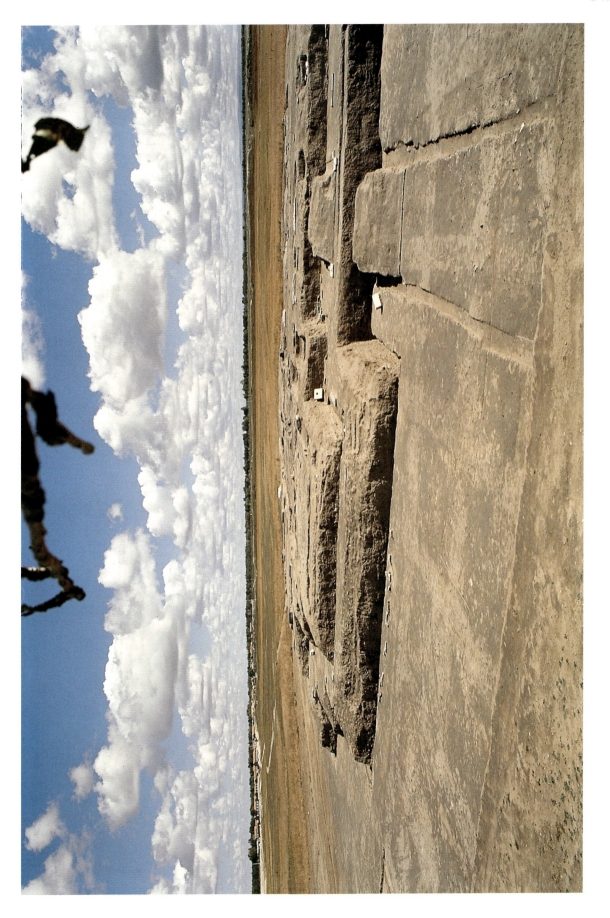

宫城一号殿址漫殿与柱廊连接处西部侧视（西南→东北）

宫城一号殿址北部侧视（东南→西北）

宫城一号殿址东南侧视（北→南）

1．月台南侧东西横道D1L8及上殿中通道D1L1和东通道D1L2（东南→西北）

2．香阁台基东侧的下层台面铺地砖（北→南）

宫城一号殿址道路和铺地砖

1．柱廊东北部↑E∠8及下层台面铺地砖（南→北）

2．柱廊东通道D1L6北侧↑E∠7与↑E∠8东侧台面上的铺地砖（西→东）

宫城一号殿址台基铺地砖

1. 香阁台基东北角↓E∠1处的砖壁基槽

2. ↓E∠7－↓E∠8之间与柱廊东通道D1L6上段慢道之间残留的砖壁（南→北）

宫城一号殿址台基砖壁

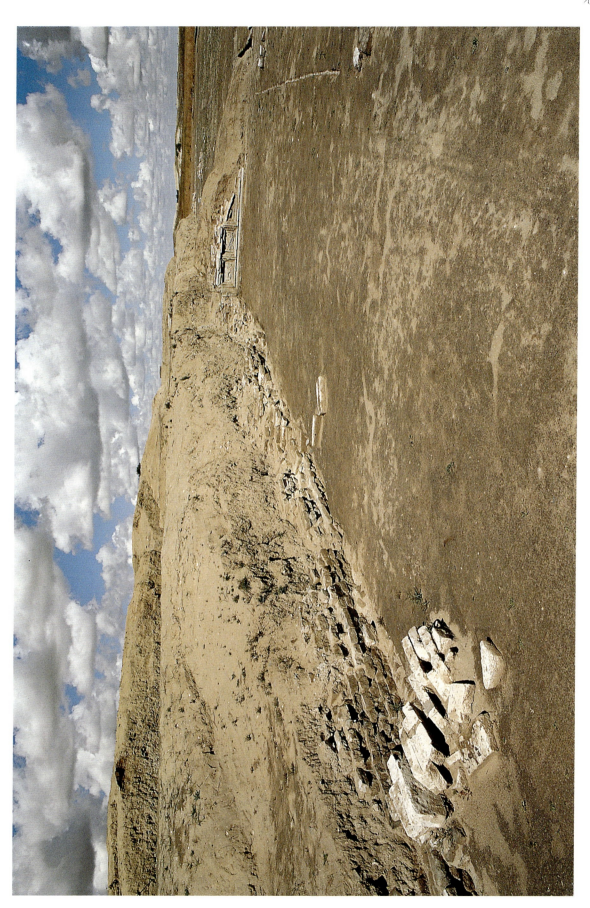

宫城一号殿址↓E乙9→↓E乙10之间砖壁倒塌情况及前殿东通道D1L4下段慢道南壁象眼（东南→西北）

宫城一号殿址月台和前殿鸟瞰（东→西）

1. 月台东侧侧视（东→西）

2. 汉白玉柱础（ZC093）（西南→东北）

宫城一号殿址月台东侧侧视和汉白玉柱础ZC093

宫城一号殿址前殿鸟瞰（东→西）

宫城一号殿址柱廊鸟瞰（东→西）

宫城一号殿址柱廊和前殿 （北→南）

宫城一号殿址柱廊西侧的柱础坑

1. 柱廊西北部铺砖（东→西）

2. 柱廊东北部汉白玉柱础ZC047（西→东）

宫城一号殿址柱廊台基铺地砖和汉白玉柱础ZC047

1．柱廊西侧（东北→西南）

2．柱廊东北部汉白玉柱础ZC047（东南→西北）

宫城一号殿址柱廊台基西侧结构和东北部汉白玉柱础ZC047

1. 安放情况（北→南）

2. 东北角的绿色颜料（北→南）

宫城一号殿址柱廊东北部汉白玉柱础ZC047

宫城一号殿址柱廊台基东侧结构（北→南）

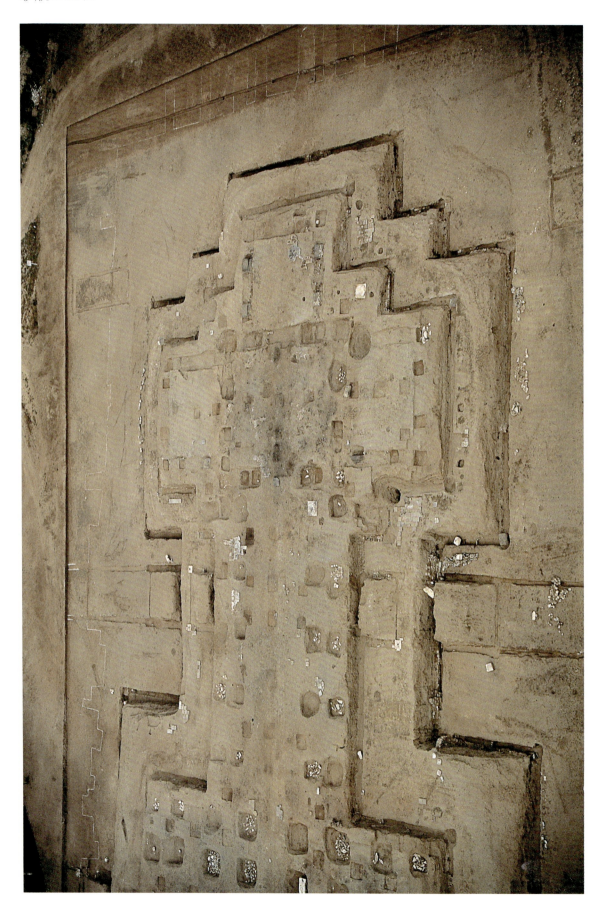

宫城一号殿址柱廊及後殿殿台基鸟瞰（东→西）

西配殿

宫城一号殿址西侧的西配殿基槽（西北→东南）

1．寝殿台基东侧视（东→西）

2．东夹室（西→东）

宫城一号殿址寝殿及东夹室

1. 寝殿及香阁（南→北）

2. 香阁（南→北）

宫城一号殿址寝殿及香阁

1. 西夹室（东→西）

2. 汉白玉柱础ZC001（西→东）

宫城一号殿址西夹室台基和香阁东侧汉白玉柱础ZC001

1. 安放情况（东南→西北）

2. 覆盆雕刻的宝装莲花（东南→西北）

宫城一号殿址汉白玉柱础ZC001

1. 柱廊上层台基东壁的夯层（东→西）

2. 柱廊上层台基东侧的断夯带（东→西）

宫城一号殿址台基夯层和断夯带

1. 西侧（西→东）

2. 下段慢道铺漫的牡丹风轮龙纹方砖（北→南）

宫城一号殿址南侧中通道D1L1

1. 南侧东通道D1L2 （南→北）

2. 南侧东通道D1L2 （北→南）

宫城一号殿址南侧东通道D1L2

1. 南侧西通道D1L3通向月台的上段慢道（西南→东北）

2. 柱廊东通道D1L6上、下段慢道（南→北）

宫城一号殿址上殿通道

宫城一号殿址柱廊东通道D1L6（北→南）

宫城一号殿址柱廊东通道D1L6（东→西）

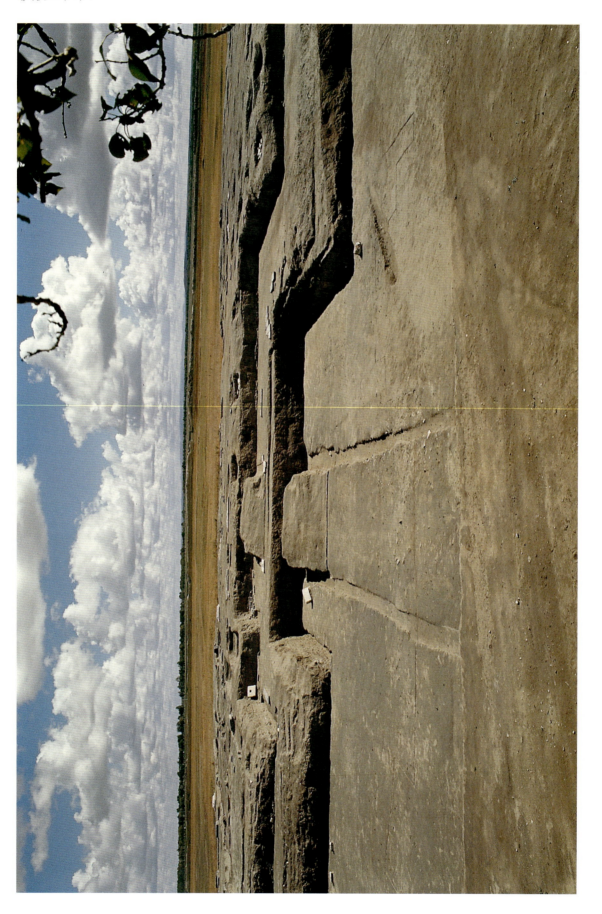

宫城一号殿址柱廊西通道 D 1 L 7 （西→东）

1. 柱廊西通道D1L7（北→南）

2. 柱廊西通道D1L7（南→北）

宫城一号殿址柱廊西通道

1. 铺砖（东→西）

2. 铺砖（西→东）

宫城一号殿址柱廊西通道D1L7铺地砖

1. 柱廊西通道D1L7上段慢道（南→北）

2. 前殿东通道D1L4正视（东→西）

宫城一号殿址上殿通道

宫城一号殿址前殿东通道D1L4南侧 （东南→西北）

宫城一号殿址前殿东通道D1L4下段慢道南侧象眼（南→北）

1．前殿西通道D1L5（西→东）

2．一号殿址探沟夯层内出土的玄武岩石块

宫城一号殿址上殿通道和地基夯层内的石块

宫城一号殿址地基解剖东侧探沟T3（西→东）

宫城一号殿址地基解剖东侧探沟T6（东→西）

2. 东侧探沟T3夯层及夹杂石块（东→西）

1. 地基夯层夹杂的外表有白色锈的石块

宫城一号殿址地基解剖

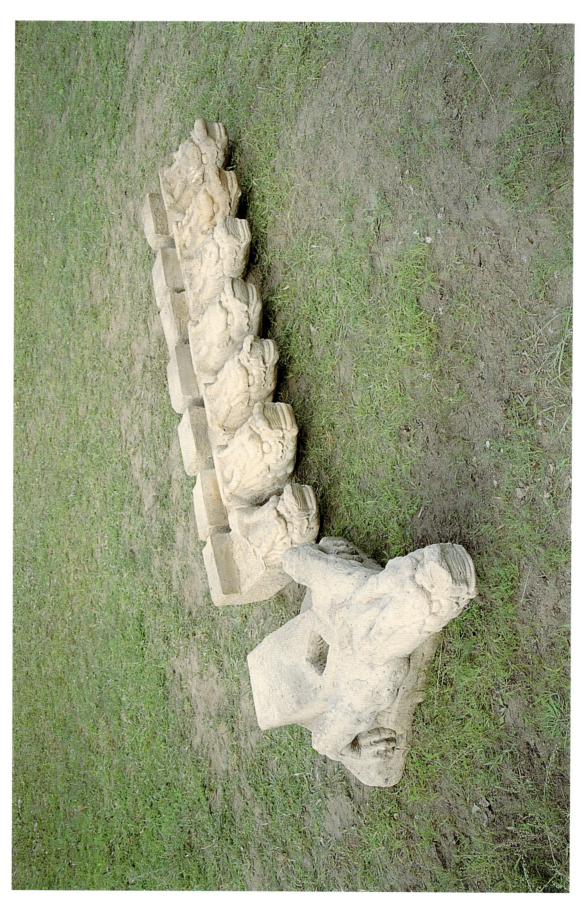

宫城一号殿址出土的部分螭首

宫城一号殿址出土角部螭首CS1左侧

1. 右侧

2. 前部

宫城一号殿址出土角部螭首CS1

1. 后部

2. 头部

宫城一号殿址出土角部螭首CS1

宫城一号殿址出土螭首CS2

1. 顶面

2. 右侧

3. 右前侧

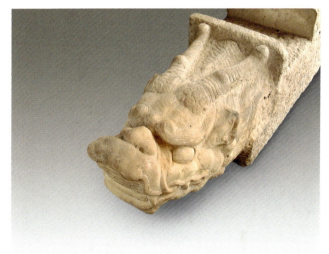

4. 左前侧

5. 头左侧

6. 头右侧

宫城一号殿址出土螭首CS2

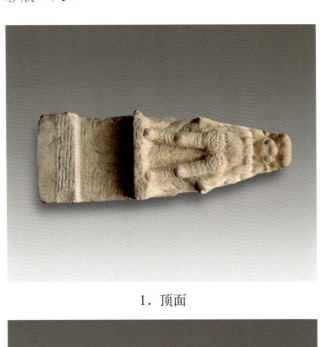

1. 顶面

2. 左侧

3. 右侧

4. 左后侧

5. 头左侧

6. 头部

宫城一号殿址出土螭首CS3

宫城一号殿址出土螭首CS4

1. CS4顶面

2. CS4头左侧

3. CS4左前侧

4. CS4前部

5. CS5右侧

6. CS5左前侧

宫城一号殿址出土螭首CS4和CS5

1.CS5前部

2.CS5头顶

3．CS5头右侧

4．CS5头左侧

5．CS6右侧

6．CS6左侧

宫城一号殿址出土角部螭首CS5和CS6

1. CS6顶面

2. CS6头部

3. CS7顶面

4. CS7右侧

5. CS7左前侧

6. CS7头部

宫城一号殿址出土螭首CS6和CS7

1. CS8顶面

2. CS8右侧

3. CS8头右侧

4. CS8头左侧

5. CS9右侧

6. CS9右前侧

宫城一号殿址出土螭首CS8和CS9

1. CS9头顶

2. CS9头左侧

3.CS10左侧

4. CS10右侧

5. CS10前部

6. CS10左前侧

宫城一号殿址出土螭首CS9和CS10

1. 左侧

2. 右侧

3. 顶面

4. 左前侧

5. 头右侧

6. 头左侧

宫城一号殿址出土螭首CS11

1. CS12左侧

2. CS12头右侧

3. CS12头顶

4. CS13左侧

5. CS13右侧

6. CS13顶面

宫城一号殿址出土螭首CS12和CS13

1．CS14前部

2．CS14头顶

3．CS14左前侧

4．CS14右前侧

5．CS15右前侧

6．CS15顶面

宫城一号殿址出土螭首CS14和CS15

1．CS15左前侧

2．CS15头部

3．CS15头左侧

4．CS16顶面

5．CS16左侧

6．CS16左前侧

宫城一号殿址出土螭首CS15和CS16

1．CS16头前部

2．CS16头右侧

3．CS16头左侧

4．CS17顶面

5．CS17右侧

6．CS17头左侧

宫城一号殿址出土螭首CS16和CS17

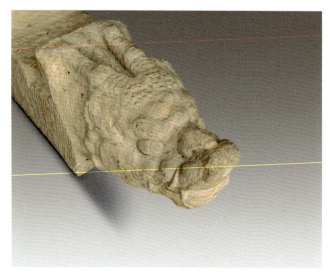

1．CS17右前侧

2．CS17前部

3．CS18顶面

4．CS18右侧

5．CS18左侧

6．CS18头右侧

宫城一号殿址出土螭首CS17和CS18

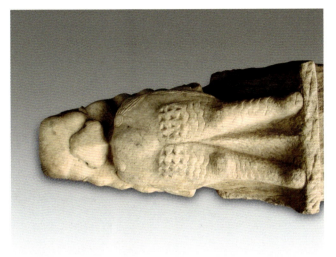

1．CS18头顶

2．CS18左前侧

3．CS18头部

4．CS19顶面

5．CS19左侧

6．CS19头右侧

宫城一号殿址出土螭首CS18和CS19

1. CS19头左侧

2. CS19右侧

3. CS19头部

4. CS19右前侧

5. CS19头顶

6. CS20顶面

宫城一号殿址出土螭首CS19和CS20

1. 右侧

2. 左侧

3. 头部

4. 右前侧

5. 头顶

6. 头左侧

宫城一号殿址出土螭首CS20

1．CS20头右侧

2．CS21顶面

3．CS21左侧

4．CS21头右侧

5．CS21头部

6．CS21左前侧

宫城一号殿址出土螭首CS20和CS21

1. CS21头顶

2. CS22左侧

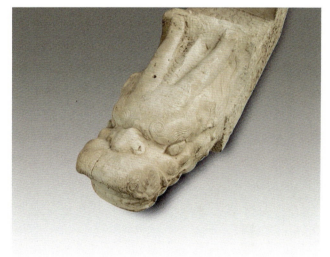

3. CS22底面

4. CS22左前侧

5. CS22头顶

6. CS22头右侧

宫城一号殿址出土螭首CS21和CS22

1. 左侧

2. 右侧

3. 底面

4. 顶面

5. 头顶

6. 头左侧

宫城一号殿址出土螭首CS23

1. CS24右侧

2. CS24底面

3. CS24右前侧

4. CS24头左侧

5. CS24头顶

6. CS25顶面

宫城一号殿址出土螭首CS24和CS25

1. CS25底面

2. CS25左侧

3. CS25右侧

4. CS25头右侧

5. CS25头顶

6. CS26左侧

宫城一号殿址出土螭首CS25和CS26

1. CS26顶面

2. CS26底面

3. CS26左前侧

4. CS26头右侧

5. CS26头左侧

6. CS27顶面

宫城一号殿址出土螭首CS26和CS27

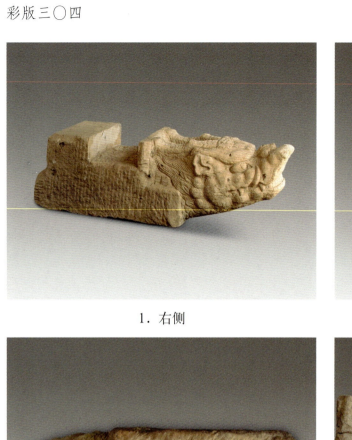

1. 右侧

2. 左侧

3. 底面

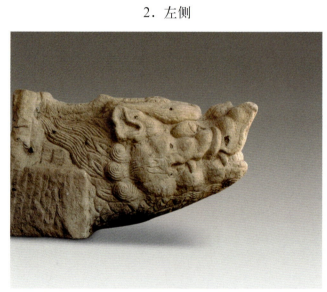

4. 头右侧

5. 头顶

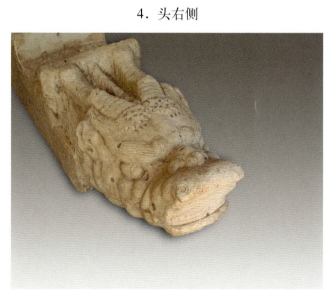

6. 右前侧

宫城一号殿址出土螭首CS27

1．CS27头左侧

2．CS27颈下

3．CS28顶面

4．CS28左侧

5．CS28右侧

6．CS28底面

宫城一号殿址出土螭首CS27和CS28

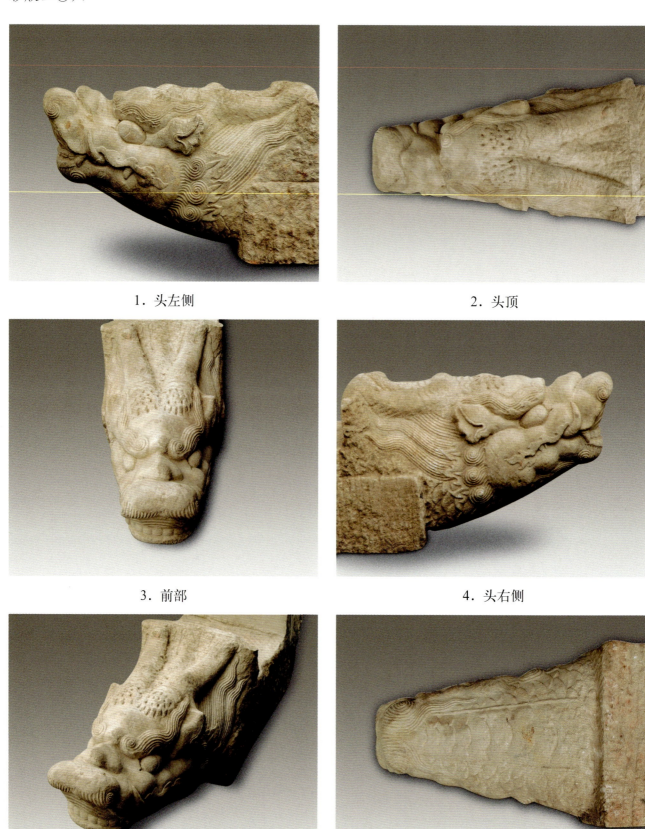

1. 头左侧

2. 头顶

3. 前部

4. 头右侧

5. 左前侧

6. 颈下

宫城一号殿址出土螭首CS28

1. 螭首（CS28）颈部

2. 螭首（CS29）左侧

3. 螭首（CS29）右侧

4. 门枕石（MZ1）左侧

5. 门枕石（MZ1）右侧

6. 门枕石（MZ4）右侧

宫城一号殿址出土螭首（CS28和CS29）和门枕石（MZ1和MZ4）

1．门枕石（MZ4）左侧

2．门枕石（MZ6）右侧

3．门枕石（MZ6）左侧

4．角柱（JZ1）正面

5．角柱（JZ1）侧面

宫城一号殿址出土门枕石（MZ4和MZ6）和角柱（JZ1和JZ2）

宫城一号殿址出土角柱JZ1

宫城一号殿址出土角柱JZ2

1. 角柱（JZ2）东面

2. 角柱（JZ2）西南侧

5. 角柱残片（JZ3）

3. 角柱（JZ2）底面

4. 角柱（JZ2）南面

宫城一号殿址出土汉白玉角柱JZ2和JZ3

1. B型柱础背面（VIT5-5②：5）

2. B型柱础正面（VIT5-5②：5）

3. 望柱柱础上面（VIT5-4②：6）

4. 望柱柱础（VIT5-4②：6）

5. 望柱柱础底面（VIT5-4②：6）

宫城一号殿址出土汉白玉柱础

1. 铺地石板（ⅦT4-1②：5）

2 铺地石板正面（ⅦT4-1②：6）

3. 铺地石板底面（ⅦT4-1②：6）

4. 六六幻方上面的古阿拉伯数字（ⅥT3-1②：1）

5. 六六幻方劈裂面（ⅥT3-1②：1）

6. 六六幻方底面（ⅥT3-1②：1）

宫城一号殿址出土铺地石板和六六幻方

宫城一号殿址出土六六幻方（ⅥT3－1②：1）

宫城一号殿址出土E型卷草纹条砖（ⅣT1-5②：4）

1．E型卷草纹条砖 （ⅣT1-5②：7）

2．C型卷草纹条砖（ⅣT1-5②：3）

3．牡丹风轮龙纹方砖背面（ⅨT1-6②：1 ）

4．六角编扣花叶纹方砖背面（ⅨT3-4②：1）

5．牡丹风轮龙纹方砖（ⅨT1-6②：2）

6．牡丹风轮龙纹方砖（ⅨT1-6②：3）

宫城一号殿址出土的灰陶砖

宫城一号殿址出土牡丹风轮龙纹方砖（ⅨT1-6②∶1）

宫城一号殿址出土六角编扣花叶纹方砖（ⅨT3-4②：1）

1．六角编扣花叶纹方砖（ⅨT2-5②：3）

2．素面方砖正面（ⅧT5-5②：1）

3．素面方砖背面（ⅧT5-5②：1）

4．素面方砖侧面（ⅧT5-5②：1）

宫城一号殿址出土的六角编扣花叶纹方砖和素面方砖

宫城一号殿址出土龙纹大方砖残块（ⅦT2-5②：1）

1. 板瓦（ⅡT4-1②：2）

2. 筒瓦（ⅡT2-3②：4）

3. 筒瓦（ⅣT3-3②：2）

4. 筒瓦（ⅣT2-3②：1）

宫城一号殿址出土琉璃板瓦和筒瓦

1．筒瓦（ⅥT5-3②：8）

2．筒瓦（ⅥT4-4②：1）

3．线道瓦（ⅥT2-4②：4）

4．线道瓦（ⅥT4-4②：2）

宫城一号殿址出土琉璃瓦筒瓦和线道瓦

1. Aa型（VIT1-3②：5）

2. Ab型（VIT4-3②：2）

宫城一号殿址出土琉璃瓦当

1. B型（ⅡT2-3②：1）

2. D型（ⅧT2-3②：1）

宫城一号殿址出土琉璃瓦当

宫城一号殿址出土C型琉璃瓦当（ⅢT4-1②：10）

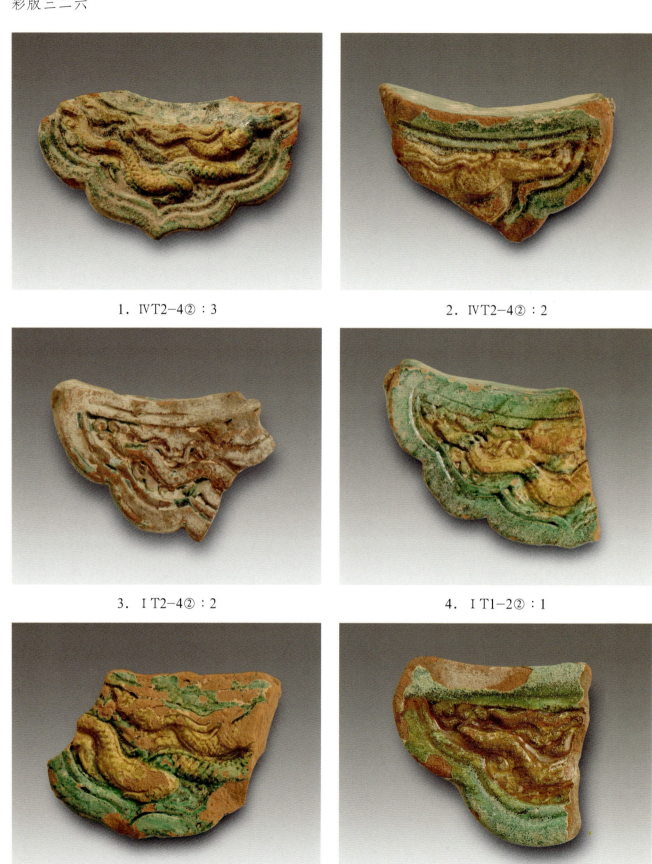

1. ⅣT2-4②∶3

2. ⅣT2-4②∶2

3. ⅠT2-4②∶2

4. ⅠT1-2②∶1

5. ⅠT2-3②∶1

6. ⅠT3-4②∶1

宫城一号殿址出土Ａa型琉璃滴水

1. Aa型（ⅠT3-4②：2）

2. Aa型（T1-3②：2）

3. Aa型（ⅣT1-5②:5）

4. Ab型（ⅦT3-3②：2）

5. Ab型（ⅧT2-5②：1）

6. Ab型（ⅧT4-5②：2）

宫城一号殿址出土琉璃滴水

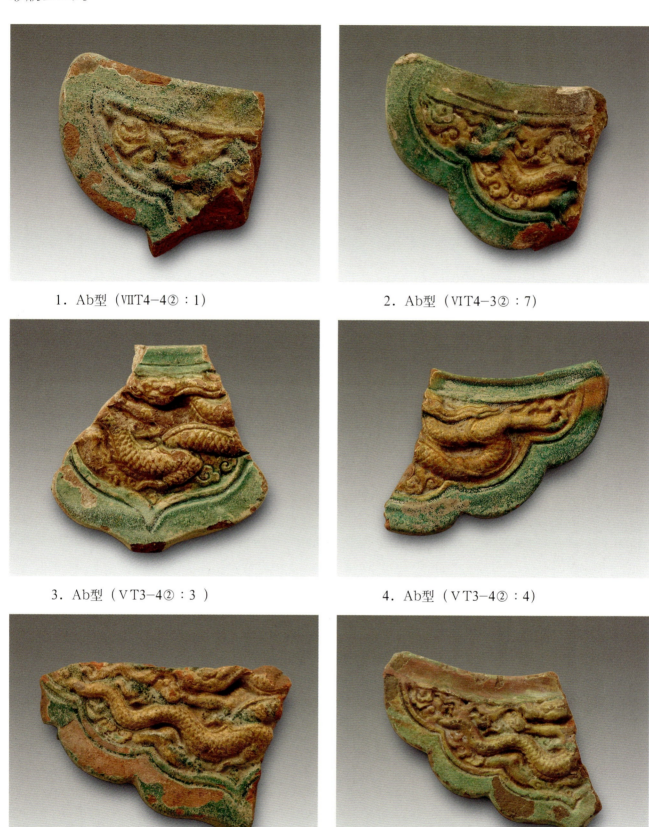

1. Ab型（ⅦT4-4②：1）

2. Ab型（ⅥT4-3②：7）

3. Ab型（ⅤT3-4②：3）

4. Ab型（ⅤT3-4②：4）

5. Ab型（ⅢT4-1②：9）

6. Ab型（ⅥT1-3②：6）

宫城一号殿址出土琉璃滴水

1. Ab型（ⅢT3-4②：1）

2. Ab型（ⅤT2-5②：7）

3. Ab型（ⅧT3-2②：7）

4. Ab型（ⅧT3-2②：5）

5. B型（ⅢT2-4②：1）

6. B型（ⅥT5-3②：6）

宫城一号殿址出土琉璃滴水

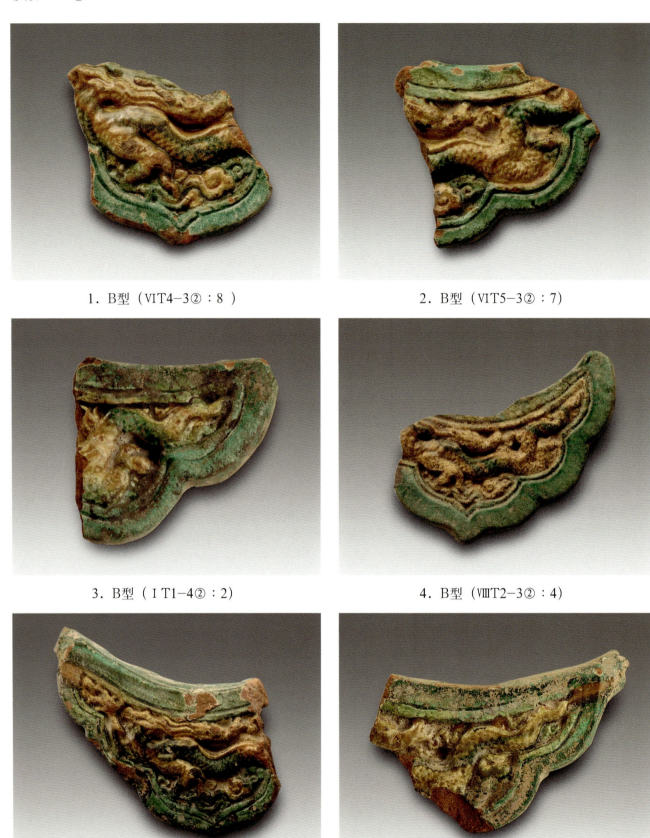

1．B型（ⅥT4-3②：8）

2．B型（ⅥT5-3②：7）

3．B型（ⅠT1-4②：2）

4．B型（ⅧT2-3②：4）

5．B型（ⅥT2-4②：3）

6．B型（ⅣT1-3②：60）

宫城一号殿址出土琉璃滴水

1. B型（ⅢT4-1②：2）　　　　　　2. B型（ⅢT4-2②：2）

3. Ca型（ⅣT1-4②：5）　　　　　　4. Ca型（ⅤT2-4②：5）

5. Ca型（ⅣT2-5②：4）　　　　　　6. Cb型（ⅤT2-4②：6）

宫城一号殿址出土琉璃滴水

1. ⅧT4-5②：5

2. ⅤT4-3②：5

3. ⅤT2-5②：2

4. ⅣT2-1②：1

5. ⅧT3-2②：3

宫城一号殿址出土走兽龙头

1. 龙头（ⅡT2-3②：11）

2. 龙头（ⅡT1-1②：3）

3. 龙头（ⅡT4-1②：4）

4. 龙头（ⅤT4-3②：6）

5. 龙头（ⅤT4-2②：6）

6. 走兽身躯残段（ⅡT1-1②：5）

宫城一号殿址出土走兽

1. ⅢT1-4②：4

2. ⅤT3-4②：12

3. ⅠT3-5②：2

4. ⅢT1-3②：7

5. ⅢT1-3②：9

6. ⅤT2-3②：5

宫城一号殿址出土走兽身躯残段

1. 身躯残段（ⅤT2-5②：6）

2. 身躯残段（ⅤT3-4②：9）

3. 鸟喙神兽（ⅣT2-5②：1）

4. 鸟喙神兽（ⅣT2-5②：1）

5. 鸟喙神兽（ⅣT2-5②：1）

6. 鸟喙神兽（ⅣT2-5②：1）

宫城一号殿址出土走兽身躯和鸟喙神兽

宫城一号殿址出土鸟喙神兽（ⅣT2－5②：1）

1. 小型走兽身躯残段（ⅥT4-4②：7）

2. 鸟喙神兽（ⅡT4-4②：5）

3. 行什头部残块（ⅧT2-3②：7）

4. 行什上身残块（ⅢT1-3②：9）

5. 行什上身残块（ⅤT3-2②：1）

6. 凤头（ⅢT2-4②：2）

宫城一号殿址出土走兽

宫城一号殿址出土凤鸟（ⅤT3-3②：3）

1. 嘴（ⅤT4-5②：9）

3. 腿（ⅢT1-3②：5）

4. 腿（ⅡT2-4②：11）

2. 颈（ⅣT2-3②：4）

5. 尾（ⅣT4-3②：4）

宫城一号殿址出土凤鸟残块

1. 凤尾（ⅡT2-4②：10）

2. 凤尾（ⅤT2-3②：4）

3. 凤身残块（ⅡT2-4②：9）

4. 凤爪（ⅡT4-5②：4）

5. 走兽底座（ⅡT1-3②：6）

6. 走兽底座（ⅧT1-3②：1）

宫城一号殿址出土走兽残块

1. 走兽底座（ⅧT3-2②：4）

2. 走兽底座（ⅤT4-5②：2）

3. 附板龙龙头残块（ⅦT6-2②：1）

4. 附板龙龙头残块（ⅢT3-5②：2）

5. 附板龙龙头残块（ⅧT4-3②：5）

6. 附板龙龙头残块（ⅦT3-3②：1）

宫城一号殿址出土走兽底座和附板龙龙头

1. 腮肉（ⅥT2-6②：3）

2. 腮肉（ⅣT3-4②：3）

3. 龙鬣毛残块（ⅤT3-5②：5）

4. 鬣毛残块（ⅦT4-3②：2）

5. 流云残块（ⅡT3-1②：8）

6. 云朵残块（ⅤT5-2②：2）

宫城一号殿址出土琉璃脊饰附板龙

1．云朵残块（ⅤT1-3②：3）

2．龙爪残块（ⅣT3-4②：2）

3．龙爪残块（ⅦT2-6②：3）

4．龙爪残块（ⅤT5-3②：3）

5．棘刺（ⅤT2-5②：3）

6．棘刺（ⅢT4-1②：7）

宫城一号殿址出土琉璃脊饰附板龙

1. 棘刺（ⅤT5-4②：4）　　　　　　2. 棘刺（ⅢT4-1②：8）

3. 棘刺（ⅦT2-6②：2）　　　　　　4. 龙牙（ⅤT4-3②：3）

5. 莲瓣（ⅨT2-3②：2）　　　　　　6. 龙身残块（ⅢT3-5②：6）

宫城一号殿址出土琉璃脊饰附板龙

1．附板龙龙身残块（ⅦT1-4②：1）

2．变体龙龙角（ⅧT2-3②：5）

3．变体龙躯体残块（ⅣT2-4②：5）

4．变体龙躯体残块（ⅥT5-4②：5）

5．变体龙躯体残块（ⅥT2-6②：5）

6．变体龙躯体残块（ⅡT2-4②：7）

宫城一号殿址出土琉璃脊饰附板龙和变体龙

1. 变体龙躯体残块（ⅢT4-1②：6）

2. 变体龙躯体残块（ⅡT3-4②：3）

3. 圆雕龙龙舌（ⅣT3-4②：10）

4. 圆雕龙龙舌（ⅣT3-3②：4）

5. 圆雕龙龙舌（ⅤT4-3②：11）

6. 圆雕龙龙舌（ⅥT3-4②：9）

宫城一号殿址出土琉璃脊饰变体龙和圆雕龙

1．龙舌（ⅦT4-2②：6）

2．正颌残块（ⅣT2-3②：5）

3．下颌残块（ⅦT3-3②：3）

4．下颌残块（ⅢT1-5②：4）

5．龙角（ⅦT4-2②：4）

6．龙角（ⅠT2-3②：3）

宫城一号殿址出土琉璃脊饰圆雕龙

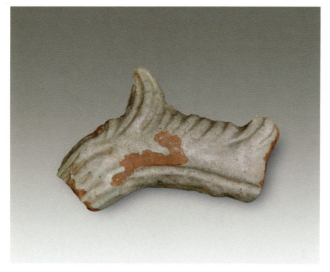

1．龙角（ⅠT2-4②：4）

2．鬣毛残块（ⅡT4-4②：3）

3．鬣毛残块（ⅡT1-4②：1）

4．鬣毛残块（ⅥT5-4②：2）

5．鬣毛残块（ⅥT3-4②：7）

宫城一号殿址出土琉璃脊饰圆雕龙

1. 烧结的构件（ⅢT4-1②：9）

2. 一号殿址出土的木头

宫城一号殿址出土遗物

宫城南门在南城墙中的位置（东北→西南）

宫城南门鸟瞰（北→南）

宫城南门门南瞰与顶门瞰 （北→南）

宫城南门门道鸟瞰（北→南）

1. 门道（南→北）

2. 门道　（北→南）

宫城南门三个门道

宫城南门门道及内侧广场北墙中门鸟瞰（北→南）

1．南侧（南→北）

2．北侧（北→南）

宫城南门西部墩台和阙台鸟瞰

1. 北侧（北→南）

2. 南侧（南→北）

宫城南门东部墩台和阙台鸟瞰

1. 东侧（西北→东南）

2. 西侧（东北→西南）

宫城南门墩台和阙台远景

1．西侧（东南→西北）

2．东侧（西南→东北）

宫城南门墩台和阙台远景

宫城南门内广场红色墙皮痕迹

宫城南门门内广场北墙中门（南→北）

1. 檐口花头筒瓦（ⅠT11-5④：10）

2. 檐口花头筒瓦（ⅡT5-2④：1）

3. 筒瓦瓦背（ⅡT1-5④：6）

4. 筒瓦（ⅠT11-8②：6）

5. 筒瓦瓦内（ⅡT1-5④：6）

宫城南门出土檐口花头筒瓦

1. Aa型(ⅡT1-4④：5)

2. Ab型(ⅠT8-5④：10)

宫城南门出土琉璃瓦当

1．C型（ⅡT8-5④：7）

2．Ba型（ⅡT4-5④：9）

宫城南门出土琉璃瓦当

1. Ba型（ⅠT3-5④：5）

2. Bb型（ⅠT11-8②：10）

3. C型（ⅠT7-5④：6）

4. Ab型（ⅠT11-8②：5）

5. Ba型（ⅡT6-2④：2）

彩版三六五　宫城南门出土琉璃瓦当

1. Ab型瓦背（ⅠT7-5④∶6）

2. Aa型（ⅠT10-5④∶6）

3. Ab型内面（ⅠT7-5④∶6）

4. B型（ⅠT9-5④∶8）

宫城南门出土琉璃筒瓦

1. B型（ⅡT2-4④：1）

2. B型（ⅠT10-8②：1）

3. B型（ⅡT2-4④：1）

4. B型（ⅠT10-8②：1）

5. B型（ⅠT11-8②：7）

宫城南门出土琉璃筒瓦

1. Aa型（ⅠT8-4④：1）

2. Ab型（ⅠT6-5④：5）

宫城南门出土琉璃檐口滴水

1. Aa型（ⅡT2-5④：1）（尾部）

2. Aa型（ⅡT2-4④：1）（右上角）

3. B型（ⅠT6-5④：14）（右上角尾部）

4. B型（ⅠT11-5④：25）（左上角右前腿部位）

5. B型（ⅠT6-5④：16）（左上角胸、右前腿）

6. B型（ⅠT6-5④：15）（右下角左后腿部位）

宫城南门出土琉璃檐口滴水

1. B型（ⅠT11-5④：33）

2. Ca型（ⅠT11-5④：11）

宫城南门出土琉璃檐口滴水

1. Ab型（ⅠT6-6④：1）

2. Ca型（ⅠT11-5④：11）（背面）

3. Cb型（ⅠT7-5④：1）

4. Cb型（ⅠT7-5④：1）（背面）

宫城南门出土琉璃檐口滴水

1. Ca型（ⅠT10-5④：10）

2. Cb型（ⅠT8-5④：6）

宫城南门出土琉璃檐口滴水

1．ⅠT11-4④：12（瓦内）

2．ⅠT11-4④：12（瓦背）

3．ⅠT12-4④：13（瓦背）

4．ⅠT12-4④：13（瓦背）

宫城南门出土琉璃檐口滴水后板瓦

1．ⅡT4-2④∶9（瓦内）

2．ⅡT4-2④∶9（瓦背）

3．ⅠT9-5④∶7（瓦内）

4．ⅠT9-5④∶7（瓦背）

5．ⅠT7-1④∶2（瓦内）

6．ⅠT7-1④∶2（瓦背）

宫城南门出土琉璃板瓦

1. ⅠT4-5④：2（瓦背）

2. ⅠT4-5④：2（瓦内）

3. ⅡT1-5④：5（瓦背）

4. ⅡT1-5④：5（瓦内）

5. ⅡT1-4④：6

宫城南门出土琉璃线道瓦

1. ⅡT1-2④：1（瓦背）

3. ⅡT1-4④：7（瓦背）

2. ⅡT1-2④：1（瓦内）

4. ⅠT8-11②：2（瓦背）

5. ⅠT8-11②：2（瓦内）

宫城南门出土琉璃条子瓦

1. 当沟瓦（ⅠT11-5④：13）（瓦背）

2. 当沟瓦（ⅠT11-5④：13）（瓦内）

3. 合脊筒瓦（ⅠT7-5④：11）（瓦背）

4. 合脊筒瓦（ⅠT7-5④：11）（瓦内）

宫城南门出土琉璃当沟瓦及合脊筒瓦

1. 凤鸟头部（ⅠT10-5④：3）

3. 独角龙（ⅠT8-6④：1）（左侧）

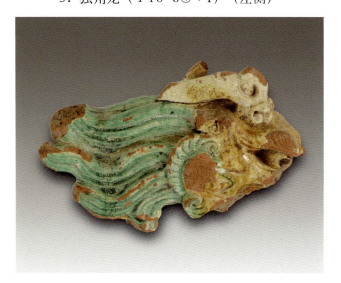

2. 凤鸟残身段（ⅠT6—8②：1）

4. 独角龙（ⅠT8-6④：1）（右侧）

宫城南门出土走兽凤鸟和龙头

1. 双角龙（ⅠT1-3④：6）（左侧）

2. 双角龙（ⅠT1-3④：6）（右侧）

3. 天马头（ⅠT7-5④：10）（左侧）

4. 天马头（ⅠT7-5④：10）（右侧）

5. 海马头（ⅠT11-9②：1）（左侧）

6. 海马头（ⅠT11-9②：1）（右侧）

宫城南门出土走兽龙头、天马和海马

宫城南门出土海马右侧（ⅠT11-5④：15）

1．左侧

3．前部

2．后部

宫城南门出土海马（ⅠT11-5④：15）

宫城南门出土海马左侧（ⅠT8-5④：19）

宫城南门出土鸟喙神兽右侧 （ⅠT8-5④：18）

宫城南门出土鸟喙神兽前部（ⅠT8-5④：18）

1. 鸟喙神兽后部（ⅠT8-5④：18）

2. 鸟喙神兽左侧（ⅠT8-5④：18）

3. 鸟喙神兽（ⅠT11-5④：6）

4. 行什（ⅡT8-6④：1）

宫城南门出土鸟喙神兽及行什

1. 身段（ⅡT7-4④：11）

2. 腹部（ⅡT8-5④：4）

3. 身段（ⅠT12-4④：14）（左侧）

4. 身段（ⅠT12-4④：14）（右侧）

5. 身段（ⅠT12-4④：14）（前部）

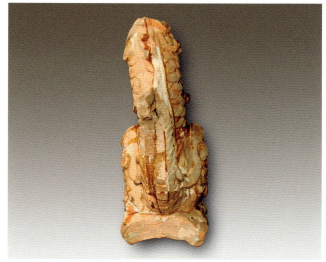

6. 身段（ⅠT12-4④：14）（后部）

宫城南门出土走兽身段和腹部

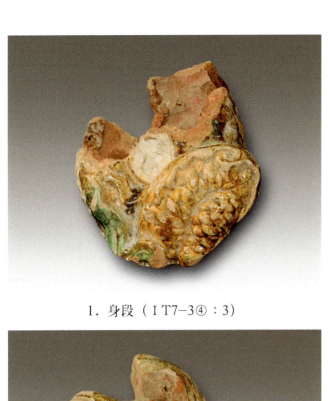

1．身段（ⅠT7-3④：3）

2．蜷曲腿（ⅡT4-5④：4）

3．蜷曲腿（ⅠT7-4④：13）

4．蜷曲腿（ⅠT10-5④：9）

5．身段（ⅠT1-4④：1）

6．直立腿（ⅡT3-5④：4）

宫城南门出土走兽身段和腿部

1. 尾翼（ⅡT4-5④：12）

2. 尾翼（ⅡT6-5④：1）

3. 尾翼（ⅠT7-5④：13）

4. 翅膀（ⅡT6-2④：4）

宫城南门出土走兽尾翼和翅膀

1. A型（ⅡT4-2④∶2）

2. B型（ⅠT8-5④∶6）

3. C型（ⅠT3-5④∶3）

4. C型（ⅡT4-5④∶3）

5. D型（ⅠT7-4④∶2）

6. E型（ⅠT11-5④∶34）

宫城南门出土走兽底座

宫城南门出土琉璃脊饰圆雕龙头部左侧（ⅡT1-3④：3）

宫城南门出土琉璃脊饰圆雕龙头部右侧（ⅡT1-3④：3）

1. 头顶部（ⅡT1-3④：3）

2. 头上部（ⅡT1-3④：3）

3. 头底部（ⅡT1-3④：3）

4. 头部（ⅡT1-4④：2）

5. 头部（ⅡT7-4④：1）

6. A型吻部（ⅠT4-4④：8）

宫城南门出土琉璃脊饰圆雕龙头部和吻部

1. A型（ⅠT7-5④：8）（右侧）

2. A型（ⅠT7-5④：8）（内侧）

3. B型（ⅠT6-11④：1）

4. B型（ⅡT5-1④：2）

5. C型（ⅠT7-5④：14）

6. C型（ⅠT7-5④：10）

宫城南门出土琉璃脊饰圆雕龙吻部

1. 左侧下颌 （ⅠT4-5④：5）

2. 下颌 （ⅠT7-5④：1）

3. 下颌 （ⅠT4-2④：2）

4. 牙齿 （ⅡT5-5④：2）

5. 舌头 （ⅠT4-4④：11）

6. 舌头 （ⅠT3-4④：1）

宫城南门出土琉璃脊饰圆雕龙下颌、牙和舌

1．A型角（ⅡT8-5④：9）

2．A型角(上ⅠT8-5④：1；下ⅡT3-2④:1)

3．B型角(左侧为ⅠT1-3④：5)

4．爪部（ⅠT4-4④：1）

5．鬣毛（ⅠT11-8②：9）

6．鬣毛（ⅠT6-5④：8）

宫城南门出土琉璃脊饰圆雕龙龙角、爪和鬣毛

1. 身段（ⅡT8-5④：17）

2. 身段（ⅡT8-5④：16）

3. 身段（ⅠT11-5④：20）

4. 身段（ⅠT8-5④：2）

5. 身段（ⅠT2-4④：3）

6. 腹部（ⅠT11-4④：4）

宫城南门出土琉璃脊饰变体龙身段和腹部

1. 头部（ⅠT12-4④：1）

2. 头部（ⅡT8-5④：2）

3. 眼部（ⅡT8-4④：11）

4. 眼部（ⅡT3-5④：5）

5. 腮肉（ⅠT9-5④：2）

6. 腮肉（ⅠT2-4④：1）

宫城南门出土琉璃脊饰附板龙头部和腮肉

1. 腮部（ⅠT4-3④：1）

2. 吻部（ⅡT4-4④：4）

3. 下颌（ⅡT2-3④：2）

4. 牙齿（ⅠT1-4④：3）

5. 牙齿（ⅠT4-4④：4）

6. 牙齿（ⅠT4-5④：7）

宫城南门出土琉璃脊饰附板龙腮、吻、下颌和牙

1．A型耳朵（ⅠT4-4④：13）

2．B型耳朵（ⅠT7-4④：18）

3．A型龙角（ⅡT4-5④：1）

4．C型龙角（ⅠT4-2④：1）

5．B型龙角（ⅠT7-5④：5）

6．D型龙角（ⅠT10-5④：23）

宫城南门出土琉璃脊饰附板龙耳和角

1. E型龙角（ⅠT11-4④：2）　　　　　2. 棘刺（ⅠT11-5④：1）

3. 棘刺（ⅠT11-5④：7）　　　　　　4. 棘刺（ⅠT4-3④：5）

5. 棘刺（ⅡT5-1④：4）　　　　　　6. A型鳞片（ⅠT10-5④：11）

宫城南门出土琉璃脊饰附板龙龙角、棘刺和鳞片

1．B型鳞片（ⅠT1-3④：7）

2．C型鳞片（ⅠT1-1④：3）

3．C型和A型鳞片（ⅠT1-3④：2）

4．鬣毛（ⅠT7-4④：4）

5．鬣毛（ⅡT7-4④：2）

6．鬣毛（ⅠT4-4④：3）

宫城南门出土琉璃脊饰附板龙鳞片和鬣毛

1. 水波纹（ⅠT2-3④：3）

2. 水波纹（ⅠT1-1④：1）

3. 水波纹（ⅠT1-2④：1）

4. 水波纹（ⅠT7-4④：5）

5. 水波纹（ⅠT4-3④：2）

6. 水波纹浪花（ⅠT9-5④：12）

宫城南门出土琉璃脊饰附板龙水波纹

1. 水波纹（ⅠT5-5④：1）　　　　　　　　　2. 水波纹（ⅠT1-2④：7）

3. 流云（ⅡT8-4④：7）　　　　　　　　　4. 流云（ⅠT9-5④：13）

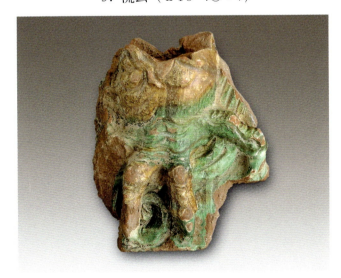

5. B型腿爪（ⅡT7-4④：7）　　　　　　　6. C型腿爪（ⅠT11-8②：1）

宫城南门出土琉璃脊饰附板龙水波纹、流云和腿爪

宫城南门出土琉璃脊饰附板龙 A型腿爪 （Ⅰ T8-5④：4）

1．D型腿爪（ⅡT3-2④：2）

2．E型腿爪（ⅡT1-4④：1）

3．F型腿爪（ⅡT1-4④：8）

4．G型腿爪（ⅡT1-4④：3）

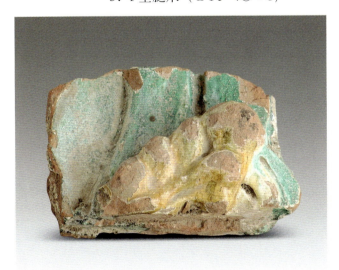

5．H型腿爪（ⅠT4-3④：6）

6．腿肘（ⅠT8-5④：3）

宫城南门出土琉璃脊饰附板龙腿爪和肘

1. 附板龙腿肘（ⅡT4-5④：2）

2. 带字残块（ⅠT1-2④：6）（西）

3. 带字残块（ⅠT1-1④：4）（彐）

4. 带字残块（ⅠT5-5④：6）（火）

宫城南门出土琉璃脊饰附板龙腿肘和带文字残块

1．铜饰件（ⅠT2-3④：4）

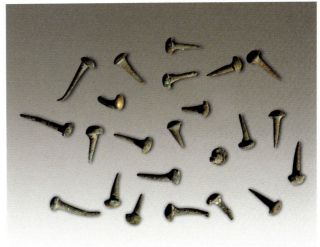

2．小铜钉（ⅠT2-3④：6）

3．铜钱（从左至右依次为：嘉祐元宝、熙宁元宝、元祐通宝、治平通宝）

宫城南门出土铜质遗物

正面　　　　　　　　　　　　　　　背面

宫城南门出土铜饰件 （ⅠT2-3④：5）

正面

背面

宫城南门出土铜饰件（ⅠT2-4④：4）

1. 远景(南→北)

2. 近景（北→南）

宫城南墙一号排水涵洞

1. 与城墙的相对位置（东北→西南）

2. 北口（北→南）

宫城南墙一号排水涵洞

1. 南口（南→北）

2. 铁栅条（ZYGNS1∶1、2）

宫城南墙一号排水涵洞及出土遗物

1. 地貌（南→北）

2. 地貌（西→东）

皇城南门发掘前地貌

1. 地貌（东→西）

2. 工作人员正在清理南门细部（西→东）

皇城南门发掘前地貌和发掘现场

皇城南门门全貌（南→北）

皇城南门墙基基槽发掘前全景（西南→东北）

皇城南门全景（东南→西北）

皇城南门全景（东→西）

皇城南门全景（西→东）

1. 西门墙北侧地层中的红色墙皮清理

2. 西门墙北侧地层中的红色墙皮遗迹

皇城南门红色墙皮遗迹

1. 筒瓦（T1207③：1）

2. 当沟瓦背面（T1202③：1）

3. 当沟瓦内面（T1202③：1）

4. 条子瓦（T1208③：3）

皇城南门出土琉璃瓦

1. 线道瓦背面（T1208③：2）

2. 线道瓦内面（T1208③：2）

3. 瓦当（T1307③:1）

4. 滴水（T1205③：1）

5. 龙身残块（T1307③：2）

皇城南门出土琉璃构件

1．2000年8月13日全国人大常委会副委员长成思危视察元中都考古工地

2．2000年9月2日全国政协常委叶连松（右三）视察元中都

领导视察

1．国家文物局局长单霁翔考察元中都

2．国家文物局文物保护与考古司司长杨志军（左二）指导工作

领导视察

1. 2000年8月30日省委书记王旭东（左五）视察元中都遗址

2. 2000年6月20日著名历史学家许倬云先生（左五）考察元中都

领导视察和专家考察

1. 国家文物局童明康副局长等视察元中都
（左一：顾玉才，左四－左七：张立方、童明康、许宁、谢飞）

2. 徐苹芳（左四）、徐光冀（左七）、杨泓（左八）等先生考察元中都

领导视察和专家考察

1. 2001年杨鸿勋先生考察元中都

2. 2002年林沄先生（右四）考察元中都

专家考察

1. 河北省文物局副局长谢飞先生（左二）指导发掘工作

2. 河北省文物工作会议与会领导考察元中都

领导和专家考察指导

1. 2000年河北省省、市文物局领导考察元中都遗址

2. 2001年河北省文物研究所同仁考察元中都遗址

领导和专家考察

1. 河北省文物局局长张立柱（右二）题词

2. 馒头营乡乡长常秀平（左三）在元中都工作站考察调研

领导视察调研

1．调查小憩
（左起：张文海、任涛、齐瑞普、李瑞林、张春长）

2．宫城钻探场景

工作场景

1. 宫城西南角台发掘测绘

2. 宫城南门发掘现场

发掘现场

1．宫城一号殿址拍摄场景

2．热气球航拍宫城南门

工作场景

1. 2010年中央电视台《发现元中都》拍摄现场

2. 考古队工作人员与中央电视台《发现元中都》摄制组人员合影

中央电视台《发现元中都》栏目拍摄

1．1998年发掘人员

2．2000年调查人员在淖沿子泉水边的草地上

元中都考古工作人员

1. 元中都临时工作站

2. 热气球点火

工作场景

1. 胜世永村西泉水遗迹（东→西）

2. 狼尾巴山南侧泉水流出的冲沟（北→南）

元中都附近的泉水

1. 豆腐窑西泉水（北→南）

2. 新地湾淖儿北岸、淖沿子村所在高地南缘沙层（北→南）

元中都附近的泉水和沙层

1. 宫城东墙西侧（西北→东南）

2. 东门北侧弃置的角柱（东北→西南）

宫城东墙现状和东门北侧弃置的角柱

1. GDS1位置（正在钻探处）（东→西）

2. GDS2位置（正在钻探处）（东→西）

宫城东墙排水涵洞

1. 西段南侧（东南→西北）

2. 东段积善村旧址所在土垅（西→东）

外城南墙之南的副墙

1. 玄武岩料石（西南→东北）

2. 西段副墙土质（东北→西南）

外城南墙上的玄武岩料石及西段副墙土质

1. F203用玄武岩柱础改造的石臼（北→南）

2. F219发现的石磨盘（ZYBS：17）（北→南）

外城F203石臼和F219石磨盘

1. 地表散落的青灰砖块（东→西）

2. 石磨盘位置（ZYBS：17）（东南→西北）

外城F219砖块和石磨盘

1．F301处田边堆放的砖块（西北→东南）

2．F302附近的地貌（西北→东南）

淖沿子遗址F301砖块和F302地貌

1．砖瓦残块（西→东）

2．西北方向的石砌水井（西南→东北）

淖沿子遗址F302砖瓦和水井

1. F302西北方向石砌水井内部（西→东）

2. F303处残余夯土层的标号为"三四〇"的电线杆土台（东南→西北）

淖沿子遗址F302水井和F303夯土台

1．F303处标号为"三四○"的电线杆土台侧面夯层细部（北→南）

2．狼尾巴山北部山顶出露玄武岩石块（东→西）

淖沿子遗址F303夯层和狼尾巴山山顶玄武岩石块

1. 玄武岩石块上的采石工具痕迹

2. 高丘东侧远眺（东→西）

狼尾巴山遗址

1. 石缝中掏出的砖块（东→西）

2. 粗绳纹和琉璃砖块

狼尾巴山遗址遗物

1. 背面带有条带状斜切纹的砖块

2. 卷草纹砖残块

狼尾巴山遗址砖块

1. 正面

2. 背面

狼尾巴山遗址粘有琉璃釉的陶块

1. 粘有琉璃釉滴的红陶砖块

2. 高丘西北侧发现的白灰层（北→南）

狼尾巴山遗址砖块和白灰遗迹

1. 右侧

2. 背面

采集的石猴（ZWBSK：1）

1. 左侧

2. 上部大猴正面

采集的石猴（ZWBSK：1）

1. 左侧小猴

2. 大猴头部

3. 右侧小猴

采集的石猴局部（ZWBSK：1）

1. 刻字碑（ZWBSK：2）

2. 刻字碑（ZWBSK：2）前面

3. 刻字碑（ZWBSK：2）左侧

4. 刻字碑（ZWBSK：2）右侧

5. 柱础（ZWBSK：4）

6. 柱础（ZWBSK：4）顶面

采集的汉白玉刻字碑和柱础

1. 望柱柱础上面（ZWBSK：5）

2. 望柱柱础底面（ZWBSK：5）

3. 门枕石右侧（ZWBSK：6）

4. 门枕石左侧（ZWBSK：7）

5. 门枕石顶部（ZWBSK：7）

6. 门枕石后端面（ZWBSK：7）

采集的汉白玉望柱柱础和门枕石

1. 檐口重唇板瓦(ZYHC：28)

2. 檐口重唇板瓦(ZYHC：29)

3. 沟纹方砖背面（ZWBSK：8）

4. 沟纹方砖正面（ZWBSK：8）

5. 青灰色条砖（ZYHC：30）

采集的砖瓦

1. 牡丹龙纹方砖（ZWBSK：9）

2. 牡丹龙纹方砖（ZWBSK：10）

3. 瓷碟（ZYHC：1）

4. 瓷碟（ZYHC：1）

采集的牡丹风轮龙纹方砖和瓷碟

1．T2北壁剖面（南→北）

2．T12－1东壁剖面之宫城南墙北侧地基基槽夯层（西→东）

宫城西南角台地层及地基基槽夯层

1. T7-1东壁剖面之宫城南墙南侧地层
及地基基槽夯层（西→东）

2. T9-1北壁剖面上部（南→北）

宫城西南角台地层及地基基槽夯层

1. 东壁剖面（西→东）

2. T8-1位置（北→南）

宫城西南角台探沟T8－1

1．T3南壁剖面及角柱JZ3（北→南）

2．T3南壁剖面之角台西侧局部（北→南）

宫城西南角台T3南壁及角柱JZ3

1. T3－1北壁剖面（南→北）

2. T3－1位置（西→东）

宫城西南角台探沟T3－1

1. 角柱JZ1-JZ2之间壁面转折情况（西北→东南）

2. 角柱JZ3北侧夯土台阶砖壁及架杆柱洞（上西下东）

宫城西南角台外侧西墙西壁局部结构

1. 内侧西墙东壁台阶（东→西）

2. 外侧角柱JZ5上部夯土局部（南→北）

宫城西南角台夯土外壁收退的台阶结构

1. 角柱 JZ11—JZ10 之间的南墙北壁结构（北→南）

2. 角柱 JZ11—JZ12 之间南墙北壁
　　两层台阶及砖壁结构（西→东）

宫城西南角台内侧南墙北壁局部结构

1. 南墙南壁角柱JZ5上部夯层及纤木洞（南→北）

2. 角柱JZ1北侧西墙西壁保存情况

宫城西南角台外侧结构

1. 角柱JZ1北侧西墙西壁与角台壁砖结合情况（北—南）

2. 西墙西壁之外角柱JZ1北侧地面夯土内的木头（上北下南）

宫城西南角台外侧结构

1. 西侧角柱JZ1—JZ2之间的砖壁

2. 西侧角柱JZ1—JZ2侧视（西北→东南）

宫城西南角台外侧结构

1. 西侧角柱JZ2及局部砖壁

2. 西侧T3西北部圆孔方石JZS1及角柱JZ2—JZ3之间砖壁（东→西）

宫城西南角台外侧结构

1. 西侧角柱JZ3（西→东）

2. 西侧角柱JZ3北侧（西北→东南）

宫城西南角台外侧结构

1. 西侧角柱JZ3处转折情况（西北→东南）

2. 西侧角柱JZ3南侧(西→东)

宫城西南角台外侧结构

1．西侧角柱JZ3—JZ4之间情况（西南→东北）

2．角柱JZ4及南侧JZ4—JZ5之间局部（西南→东北）

宫城西南角台外侧结构

1．角柱JZ5及南侧JZ4—JZ5之间局部（东南→西北）

2．角柱JZ5西侧局部（西→东）

宫城西南角台外侧结构

1. 南侧角柱JZ5及砖壁结构（南→北）

2. 南侧角柱JZ5东侧砖壁（南→北）

宫城西南角台外侧结构

1. 南侧JZ5局部（东→西）

2. 南侧角柱JZ5处上视(上南下北)

宫城西南角台外侧结构

1．南侧角柱JZ5处结构(东南→西北)

2．南侧角柱JZ6—JZ7之间情况（东南→西北）

宫城西南角台外侧结构

1. 内侧东墙北壁发掘到使用面时鸟瞰（东→西）

2. 内侧西墙东壁发掘到使用面时侧视（北→南）

宫城西南角台内侧结构

1. 始建面上南墙北壁地基基槽之上的夯土台及灰坑H1

2. 始建面上西墙东壁地基基槽之上的夯土台

宫城西南角台内侧结构

1. 内侧西墙东壁角柱JZ8—JZ9之间砖壁俯视（上东下西）

2. 内侧角柱JZ10—JZ9之间情况

宫城西南角台内侧结构

1．内侧角柱JZ8—JZ9之间情况（东→西）

2．西墙东壁角柱JZ8（东北→西南）

宫城西南角台内侧结构

1. 西墙东壁角柱JZ9（东北→西南）

2. 东北角角柱JZ10（东北→西南）

宫城西南角台内侧结构

1. 角柱JZ10东侧南墙北壁俯视（上北下南）

2. 角柱JZ10—JZ11之间的南墙北壁砖壁（西北→东南）

宫城西南角台内侧结构

1. 角柱JZ12及建成后地面（东北→西南）

2. 南墙北壁（北→南）

宫城西南角台内侧结构

1. 南墙北壁结构（西→东）

2. 南墙北壁角柱JZ11俯视（上北下南）

宫城西南角台内侧结构

1．角柱JZ12俯视及壁面情况（上北下南）

2．JZ12以东砖壁与南墙北壁交接处结构（上西下东）

宫城西南角台内侧结构

1. 角柱JZ11（东北→西南）

2. 角柱JZ12（东北→西南）

宫城西南角台内侧结构

1. 发掘至使用面时的情况（北→南）

2. 东北角外围使用面及JZ10（东北→西南）

宫城西南角台内侧结构

宫城西南角台内侧发掘至使用面时的情况（东→西）

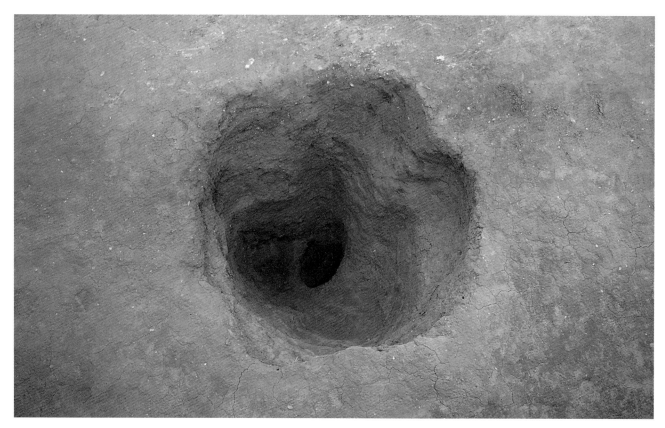

1. ZD10（上北下南）

2. ZD8（上西下东）

宫城西南角台外侧架杆柱洞

1. ZD16 (东北→西南)

2. ZD17 (上西下东)

宫城西南角台内侧架杆柱洞

1. 宫城西南角台外侧架杆柱洞ZD8与其东侧的土衬石（西→东）

2. 宫城西南角台南侧角柱JZ4—Z5之间砖壁、夯土台及纤木洞(南→北)

宫城西南角台外侧结构

1．条砖正面（T6⑤：10）

2．条砖背面（T6⑤：10）

3．楔形砖正面（T7⑤：5）

4．楔形砖背面（T7⑤：5）

5．方砖（T10⑤：30）

6．方砖（T9⑤：17）

宫城西南角台出土泥质灰陶砖

1. 卷草纹条砖正面（T7⑤：4）

2. 卷草纹条砖背面（T7⑤：4）

3. 板瓦（T9⑤：16）

4. 板瓦（T9⑤：16）

宫城西南角台出土泥质灰陶砖和板瓦

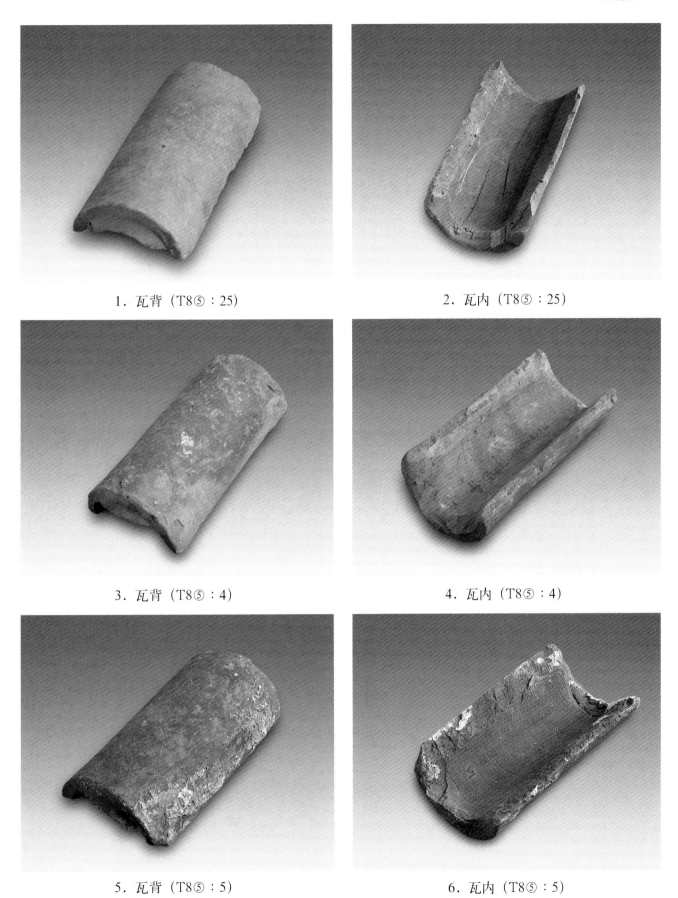

1. 瓦背（T8⑤：25）

2. 瓦内（T8⑤：25）

3. 瓦背（T8⑤：4）

4. 瓦内（T8⑤：4）

5. 瓦背（T8⑤：5）

6. 瓦内（T8⑤：5）

宫城西南角台出土泥质灰陶筒瓦

1. 板瓦内面（T10⑤：76）

2. 板瓦背面（T10⑤：76）

3. 圆钉孔筒瓦内面（T8⑤：29）

4. 圆钉孔筒瓦背面（T8⑤：29）

宫城西南角台出土琉璃板瓦和筒瓦

1. Aa型（T12⑤：1）　　　　2. Aa型（T10⑤：18）

3. Aa型（T10⑤：18）　　　　4. Aa型（T10⑤：70）

5. Aa型（T3⑤：1）　　　　6. Aa型(T6⑤：2)

宫城西南角台出土琉璃瓦当

1. Aa型(T8⑤：3)

2. Aa型(T10⑤：16)

3. B型(T9⑤：5)

4. B型（T6⑤：9）

5. B型（T7⑤：40 ）

6. B型（T8⑤：26)

宫城西南角台出土琉璃瓦当

1. C型瓦当（T7⑤：41）

2. C型瓦当（T10⑤：17）

3. 滴水（T2⑤：1）

4. 滴水（T3⑤：4）

5. 滴水正面（T7⑤：6）

6. 滴水板瓦内面（T7⑤：6）

宫城西南角台出土琉璃瓦当和滴水

1．T7⑤：7

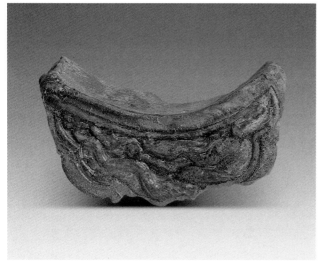

2．T8⑤：4

3．T9⑤：14

4．T10⑤：22

5．T10⑤：25

宫城西南角台出土琉璃滴水

1. 铁榫钉（自上向下T6⑤：4 、T5⑤：3 、T8⑤：2、T6⑤：3)

2. 木板（T6⑤：7)

3. 木段（T6⑤：8)

宫城西南角台出土铁榫钉和木头

1. ZD6：1

2. ZD6：1内部

3. ZD11：1

4. ZD11：1内部

5. ZD11：2

6. ZD11：2内部

宫城西南角台出土瓷碗

1. ZD13：1

2. ZD13：1内部

3. ZD14：1

4. ZD14：1内部

5. T8⑧：1

6. T8⑧：1内部

宫城西南角台出土瓷碗

1. T8⑧：1底部

2. T8⑧：2

3. T8⑧：2内部

4. T8⑧：3

5. T8⑧：3内部

6. T8⑧：3底部

宫城西南角台出土瓷碗

1. T8⑧：3修复之前瓷碗外壁的墨书字迹

2. T8⑧：4

3. T8⑧：4内部

4. T9⑦：1

5. T9⑦：1底部

6. T9⑦：1内部

宫城西南角台出土瓷碗

宫城一号殿址前殿↓W∠8—↑W∠9北侧VIT5-4和VIT5-5文物出土情况（东→西）

1. ↓W∠8—↓W∠9北侧VIT5-4文物出土情况（北→南）

2. ↓W∠8—↓W∠9北侧VIT5-5文物出土情况（北→南）

宫城一号殿址前殿文物出土情况

1. 西夹室上层台面铺砖白灰痕迹（西→东）

2. 柱廊西通道D1L7南侧下层台面铺砖和白灰痕迹（东→西）

宫城一号殿址铺地砖和白灰痕迹

1. 东夹室上层台基南壁之南、柱廊东北侧D1L6之北下层台面铺地方砖（南→北）

2. 前殿台基下层南壁D1L1以东砌砖情况（东南→西北）

宫城一号殿址铺地方砖和砖壁

1. 前殿台基下层南壁D1L1
以东砌砖情况（西→南）

2. ↓E∠6角柱土衬石（西→东）

宫城一号殿址砖壁和土衬石

1. ↓E∠6－↓E∠7之间基槽和砖壁倒塌情况（北→南）

2. ↓E∠6－↓E∠7之间基槽和砖壁倒塌情况（南→北）

宫城一号殿址砖壁基槽结构和砖壁倒塌情况

1. ↓E∠6－↓E∠7之间基槽和砖壁倒塌情况（西→东）

2. ↓E∠8处保留的砖壁（南→北）

宫城一号殿址砖壁和基槽结构

宫城一号殿址柱廊东通道下段慢道与台基之间砖壁（南→北）

宫城一号殿址柱廊东通道下段慢道与台基之间砖壁（北→南）

宫城一号殿址↓E∠8－↓E∠9之间残留砖壁（东北→西南）

1. ↑E∠12角柱（JZ2）出土情况（东→西）

2. 柱廊西北部（东→西）

宫城一号殿址台基局部结构

1. 寝殿地面上的灰烬（东→西）

2. 东夹室南墙基槽内的玄武岩柱础（ZC024）（西→东）

宫城一号殿址台基局部遗迹和结构

1. 西夹室南墙基槽内的玄武岩柱础（ZC039）（东→西）

2. 香阁内地面铺地砖及东墙基槽内北侧的柱础（ZC010）（西→东）

宫城一号殿址台基西夹室和香阁局部结构

1. 香阁地面铺地砖及东墙基槽内北侧的柱础（ZC010）（东南→西北）

2. 香阁西墙柱础（ZC011和ZC012）（南→北）

宫城一号殿址台基香阁局部结构

1. ZC011（南→北）

2. ZC011（东→西）

宫城一号殿址寝殿西墙基槽内南侧的柱础

1. 西墙基槽内北侧的柱础（ZC012）（东→西）

2. 东墙基槽内的柱础（ZC009和ZC010）（南→北）

宫城一号殿址香阁柱础

1. 香阁东墙基槽内北侧的柱础（ZC010）（南→北）

2. ↑W∠7处弃置的望柱柱础（南→北）

宫城一号殿址台基局部结构

1. ↑W∠8土衬石（东→西）

2. ↑W∠7－↑W∠8－↑W∠9情况（南→北）

宫城一号殿址台基局部结构

1. ↑W∠11土衬石（北→南）

2. ↑W∠12土衬石（北→南）

宫城一号殿址前殿上层台基角柱柱础（土衬石）

1. ↑E∠5柱础石（南→北）

2. 上层东壁↑E∠8—↑E∠9之间（东→西）

宫城一号殿址台基局部结构

宫城一号殿址南侧东通道D1L2（南→北）

宫城一号殿址南侧中间和东部的两条通道D1L1和D1L2 （南→北）

1. ↑E∠12土衬石（东→西）

2. 柱廊东通道上段慢道与休息版交接处南侧的望柱柱础（南→北）

宫城一号殿址土衬石和望柱柱础

宫城一号殿址柱廊东通道上段慢道与休息版交接处南壁（东→西）

1．柱廊东通道D1L6下段慢道与地面平道交接处南侧的望柱柱础（东→西）

2．柱廊东通道D1L6上段慢道与休息版交接处的铺砖及白灰痕迹（东→西）

宫城一号殿址望柱柱础和通道铺砖迹象

1. 东通道D1L6上段慢道与休息版交接处的铺砖及白灰痕迹（西→东）

2. 西通道D1L7下段慢道铺砖情况（西→东）

宫城一号殿址柱廊通道铺砖情况

1. 慢道南部（东→西）

2. 细部（东→西）

宫城一号殿址柱廊西通道D1L7下段慢道铺砖情况

1. 柱廊西通道D1L7上段慢道北侧柱础（西→东）

2. 前殿东通道D1L4

宫城一号殿址望柱柱础及前殿东通道

宫城一号殿址柱廊西通道Ｄ１Ｌ７下段慢道铺砖情况（南→北）

1．象眼局部（南→北）

2．象眼局部（南→北）

宫城一号殿址前殿东通道D1L4下段慢道南侧象眼

1. 南侧象眼局部（南→北）

2. 南侧柱础（东→西）

宫城一号殿址前殿东通道D1L4下段慢道局部结构

1. 上段慢道南侧柱础（西北→东南）

2. 下段慢道南侧柱础（西→东）

宫城一号殿址前殿西通道D1L5望柱柱础

1. 北侧基准石JZS1（北→南）

2. 东侧基准石（JZS2）（北→南）

宫城一号殿址北侧和东侧基准石

1. 位置（东→西）

2. 上面（东→西）

宫城一号殿址南侧基准石（JZS3）

2. 探沟T1（北→南）

1. 探沟T1（南→北）

宫城一号殿址地基解剖北侧探沟T1

宫城一号殿址地基解剖北侧探沟T1基槽通道台阶与夯层（北→南）

宫城一号殿址地基解剖北侧探沟T2地基夯窝（北→南）

1. 地基夯窝（北→南）

2. 基槽通道台阶及夯层（北→南）

宫城一号殿址地基解剖北侧探沟T2

1．T2地基夯层（北→南）

2．T3地基夯层夹杂的石块（东→西）

宫城一号殿址地基解剖北侧探沟T2和T3

1. 北侧探沟T3夯窝（东→西）

2. 南侧探沟T4夯层中的石块（南→北）

宫城一号殿址地基解剖T3和T4

1. 南侧探沟T4夯窝

2. 西侧探沟T5夯层中的石块（西→东）

宫城一号殿址地基解剖T4和T5

1. 西侧探沟T5夯层及夯层中的石块（西→东）

2. 东侧探沟T6基槽通道台阶（西→东）

宫城一号殿址地基解剖T5和T6

1．CS30右侧

2．CS30左侧

3．CS32顶面

4．CS32右侧

5．CS33左侧

6．CS33头右侧

宫城一号殿址出土螭首CS30、CS32和CS33

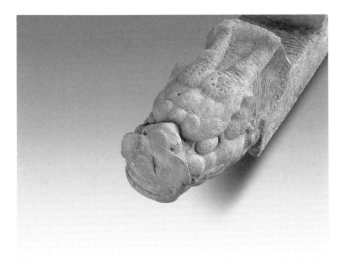

1. CS33左前部

2. CS33头左侧

3. CS34顶面

4. CS34左侧

5. CS35顶面

6. CS35头右侧

宫城一号殿址出土螭首CS33、CS34和CS35

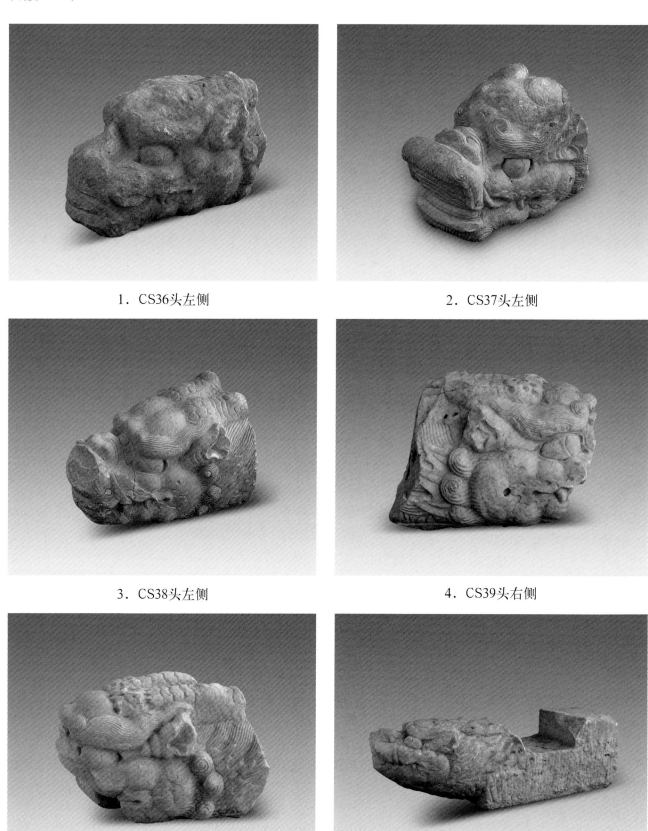

1．CS36头左侧　　　　　　　　2．CS37头左侧

3．CS38头左侧　　　　　　　　4．CS39头右侧

5．CS39头左侧　　　　　　　　6．CS40左侧

宫城一号殿址出土螭首CS36、CS37、CS38、CS39和CS40

1．CS40头顶

2．CS40头右侧

3．CS41顶面

4．CS41右侧

5．CS42左侧

6．CS42头顶

宫城一号殿址出土螭首CS40、CS41和CS42

1. CS42头右侧

2. CS42头左侧

3. CS43右侧

4. CS43左侧

5. CS43顶面

6. CS44左侧

宫城一号殿址出土螭首CS42、CS43和CS44

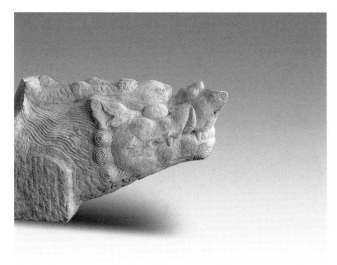

1. CS44头右侧

2. CS44头顶

3. CS45顶面

4. CS45左侧

5. CS45右侧

6. CS45左前部

宫城一号殿址出土螭首CS44和CS45

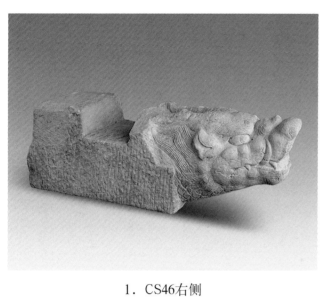

1．CS46右侧

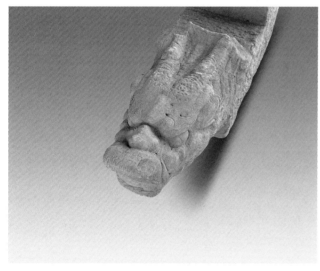

2．CS46头左侧

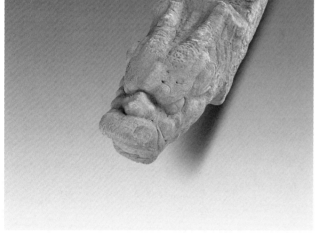

3．CS46左前部

4．CS46头顶

5．CS47顶面

6．CS47左侧

宫城一号殿址出土螭首CS46和CS47

1. CS47头右侧

2. CS47头左侧

3. CS51右侧

4. CS51头左侧

5. CS52左侧

6. CS52头顶

宫城一号殿址出土螭首CS47、CS51和CS52

1．头右侧CS52

2．CS53顶面

3．CS53头左侧

4．CS54顶面

5．CS54头左侧

6．CS54右侧

宫城一号殿址出土螭首CS52、CS53和CS54

1．CS55头左侧

2．CS55右侧

3．CS55顶面

4．CS56头顶

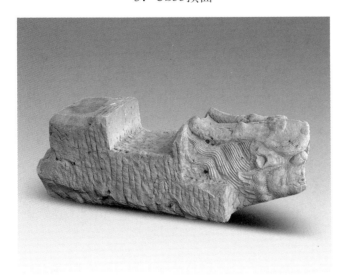

5．CS56右侧

6．CS57右侧

宫城一号殿址出土螭首CS55、CS56和CS57

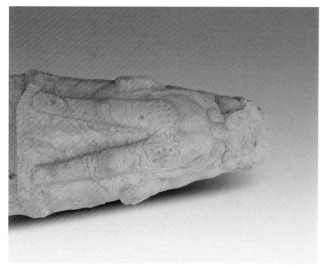

1．CS57头顶

2．CS58右侧

3．CS58顶面

4．CS59头顶

5．CS59右侧

6．CS60右侧

宫城一号殿址出土螭首CS57、CS58、CS59和CS60

1．CS60头顶

2．CS61右侧

3．CS62头右侧

4．CS62左侧

5．CS63头部

6．CS64头右侧

宫城一号殿址出土螭首CS60、CS61、CS62、CS63和CS64

1. CS65右侧

2. CS66左侧

3. CS66顶面

4. CS67左侧

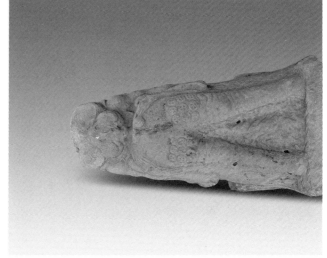

5. CS67右前部

6. CS67头顶

宫城一号殿址出土螭首CS65、CS66和CS67

1．CS68顶面

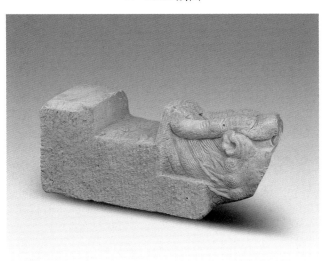

2．CS68右侧

3．CS69右侧

4．CS69顶面

5．CS70右侧

6．CS70顶面

宫城一号殿址出土螭首CS68、CS69和CS70

1. CS70头左侧

2. CS71左侧

3. CS71头右侧

4. CS72左侧

5. CS72头右侧

6. CS73左侧

宫城一号殿址出土螭首CS70、CS71、CS72和CS73

1．CS73头部

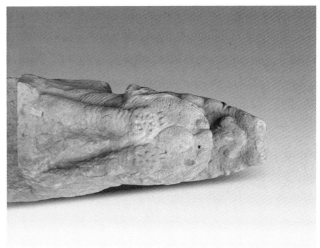

2．CS73头顶

3．CS74顶面

4．CS74左侧

5．CS75左侧

6．CS75顶面

宫城一号殿址出土螭首CS73、CS74和CS75

1. MZ2左侧

2. MZ2右侧

3. MZ3右侧

4. MZ3左侧

宫城一号殿址出土门枕石MZ2和MZ3

1．MZ5左侧

2．MZ5右侧

3．MZ7右侧

4．MZ7左侧

宫城一号殿址出土门枕石MZ5和MZ7

1. 角柱残块（JZ4）

2. 角柱残块（JZ4）

3. 角柱残块（JZ6）

4. 柱础残块（ⅡT3-3②：1）

宫城一号殿址出土角柱和柱础残块

1. ⅣT1-3②：1

2. ⅡT1-2②：1

3. ⅤT1-4②：2

4. ⅢT2-4②：2

5. ⅤT5-2②：1

6. ⅦT4-1②：7

宫城一号殿址出土柱础残块

1. 组合构件残块（ⅦT4-1②：1）

2. 组合构件残块（ⅦT4-1②：1）

3. 组合构件残块（ⅦT4-1②：2）

4. 组合构件残块（ⅦT3-2②：1）

5. 组合构件残块（ⅦT3-2②：2）

6. 石轮（ⅧT5-3②：4）

7. 石杵（ⅡT4-1②：9）

宫城一号殿址出土组合构件、石轮和石杵

1．A型正面（ⅠT3-2②：1）

2．A型背面（ⅠT3-2②：1）

3．A型正面（ⅤT4-5②：1）

4．A型背面（ⅤT4-5②：1）

5．C型正面（ⅢT4-5②：1）

6．C型背面（ⅢT4-5②：1）

宫城一号殿址出土条砖

1. A型（ⅢT4-2②：1）

2. B型（ⅣT2-5②：1）

3. B型（ⅣT2-5②：3）

4. B型（ⅣT2-5②：2）

5. B型正面（ⅦT5-6②：1）

6. B型背面（ⅦT5-6②：1）

宫城一号殿址出土条砖

1．B型背面（ⅦT4-6②∶1）

2．B型正面（ⅦT4-6②∶1）

3．B型背面（ⅦT4-6②∶2）

4．B型正面（ⅦT4-6②∶2）

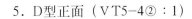

5．D型正面（ⅤT5-4②∶1）

6．D型背面（ⅤT5-4②∶1）

宫城一号殿址出土条砖

1．A型正面（ⅥT5-3②：1）

2．A型背面（ⅥT5-3②：1）

3．A型正面（ⅦT3-5②：1）

4．A型背面（ⅦT3-5②：1）

5．A型正面（ⅦT5-5②：1）

6．A型背面（ⅦT5-5②：1）

宫城一号殿址出土楔形砖

1．B型正面（ⅠT1-5②：1）

2．B型背面（ⅠT1-5②：1）

3．B型正面（ⅦT3-5②：3）

4．B型背面（ⅦT3-5②：3）

5．B型正面（ⅢT2-3②：3）

6．B型背面（ⅢT2-3②：3）

宫城一号殿址出土楔形砖

1．B型楔形砖正面（ⅥT5-4②：2）

2．B型楔形砖背面（ⅥT5-4②：2）

3．B型楔形砖正面（ⅣT1-4②：3）

4．B型楔形砖背面（ⅣT1-4②：3）

5．削边砖正面（ⅣT2-4②：1）

6．削边砖背面（ⅣT2-4②：1）

宫城一号殿址出土楔形砖和削边砖

1．削边砖（ⅥT1-4②：11）

2．A型象眼框角雕砖（上ⅥT1-3②：4、中Ⅵ T1-3②：2和下ⅥT1-4②：6）

3．B型象眼框角雕砖（上ⅥT1-4②：7和下Ⅵ T2-5②：1）

4．象眼框边雕砖（从左向右A型ⅥT1-4②：8、 B型ⅥT1-4②：9和B型ⅥT1-4②：10）

宫城一号殿址出土削边砖和象眼框雕砖

1. A型（ⅤT4-2②：3）

2. B型（ⅣT3-3②：1）

3. C型（ⅥT1-4②：5）

4. C型（ⅤT4-2②：4）

5. D型（ⅣT1-3②：1）

6. E型（ⅡT4-5②：1）

宫城一号殿址出土卷草纹条砖

1．F型卷草纹条砖（ⅨT2-3②：1）

2．G型卷草纹条砖（ⅡT4-5②：2）

3．素面方砖正面（ⅨT4-3②：1）

4．素面方砖背面（ⅨT4-3②：1）

5．素面方砖正面（ⅠT2-2②：1）

6．素面方砖背面（ⅠT2-2②：1）

宫城一号殿址出土卷草纹条砖和素面方砖

1. 六角编扣花叶纹方砖（ⅢT1-5②：1）

2. 草叶纹砖残块（ⅦT2-5②：2）

3. 牡丹风轮龙纹方砖（ⅡT1-5②：2）

4. 牡丹风轮龙纹方砖（ⅢT1-5②：3）

5. 牡丹风轮龙纹方砖（ⅣT1-3②：2）

6. 牡丹风轮龙纹方砖（ⅤT2-6②：1）

宫城一号殿址出土陶砖

1. VIT1-4②：1

2. VIT1-4②：2

3. VIT1-3②：1

4. VIIT4-1②：1

5. VIT1-3②：2

宫城一号殿址出土牡丹风轮龙纹方砖

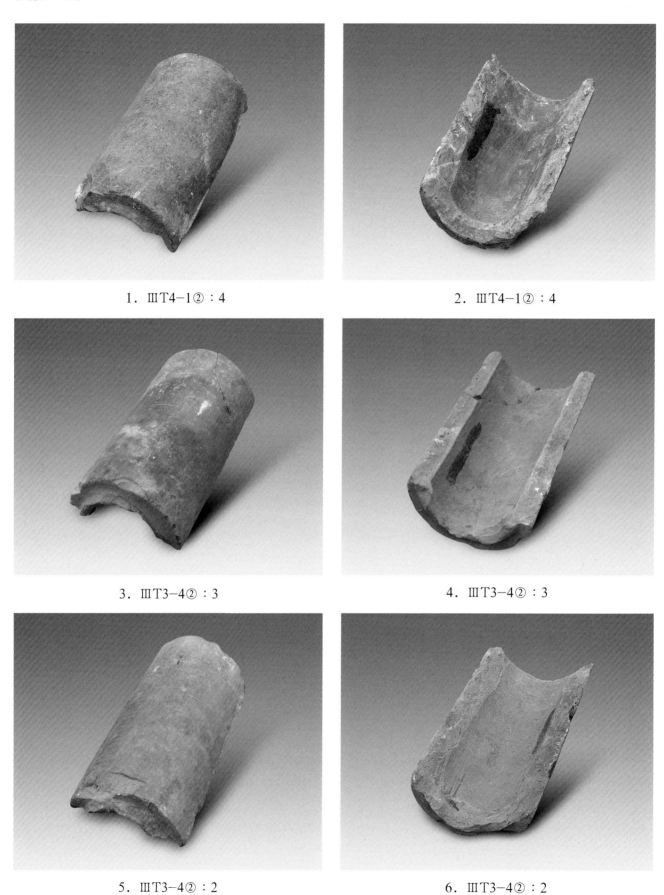

1. ⅢT4-1②∶4

2. ⅢT4-1②∶4

3. ⅢT3-4②∶3

4. ⅢT3-4②∶3

5. ⅢT3-4②∶2

6. ⅢT3-4②∶2

宫城一号殿址出土灰陶筒瓦

1. 灰陶板瓦(ⅡT2-4②：5)

2. 灰陶板瓦(ⅢT4-5②：4)

3. A型灰陶瓦当（ⅥT3-3②：1）

4. 琉璃板瓦（ⅥT4-3②：9）

5. 琉璃板瓦（ⅥT3-4②：6）

6. 琉璃筒瓦（ⅥT5-4②：4）

宫城一号殿址出土灰陶瓦和琉璃瓦

1. 筒瓦（VIT3-4②：5）　　　　2. 筒瓦（VⅡT2-5②：3）

3. 筒瓦（IVT2-3②：2）　　　　4. 线道瓦（VⅡT4-1②：3）

5. 线道瓦（IVT4-3②：2）　　　　6. 线道瓦（VIT4-4②：3）

宫城一号殿址出土琉璃筒瓦和线道瓦

1. Aa型（ⅥT4-3②：1）

2. Aa型（ⅠT3-1②：2）

3. Ab型（ⅧT4-3②：1）

4. Ab型（ⅢT1 3②：1）

5. Ab型（ⅡT1-3②：1）

宫城一号殿址出琉璃瓦当

1. B型（ⅣT3—4②：1）

2. B型（ⅣT1—3②：3）

3. C型（ⅡT2—3②：2）

4. D型（ⅥT3—4②：1）

宫城一号殿址出土琉璃瓦当

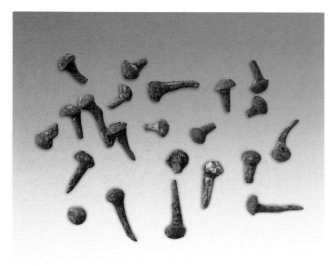

1. 铜钉（ⅢT2-2②：1）

2. 铜饰件背面（ⅤT2-3②：1）

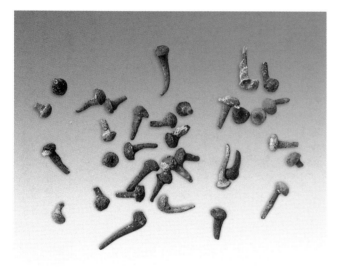

3. 铜钉（ⅥT2-2②：1）

4. 铜饰件正面（ⅧT4-2②：2）

5. 铜饰件正面（ⅧT4-2②：1）

6. 铜饰件背面（ⅧT4-2②：2）

宫城一号殿址出土铜钉和铜饰件

1. 门道（西→东）

2. 门道（东→西）

宫城南门门道

宫城南门中门道（南→北）

宫城南门中门道（北→南）

1. 西门道南端西侧砖壁下土衬石

2. 东隔墙东北角角柱下土衬石

宫城南门土衬石

1. 上部（东→西）

2. 南侧（东南→西北）

宫城南门中门道南端西侧地栿石

1．中门道西侧南端立柱底部柱础

2．中门道西侧北端立柱柱洞及底部柱础

宫城南门门道立柱底部柱础

1．西侧（东→西）

2．东侧（西→东）

宫城南门中门道门砧石

1. 门扉结构（南→北）

2. 门扉结构（东→西）

宫城南门中门道门扉结构

1. 南侧（南→北）

2. 北侧（北→南）

宫城南门中门道将军石

1. 西侧（东→西）

2. 东侧（西→东）

宫城南门中门道北端两侧砖壁

1. 东侧（西→东）

2. 西侧（东→西）

宫城南门中门道南端两侧砖壁

1．石砌地面局部

2．北端砖壁倒塌情景

宫城南门中门道

宫城南门西门道（北→南）

宫城南门西门南门（南→北）

宫城南门西门道西壁（北→南）

1. 门砧石（西→东）

2. 铁靴臼（北→南）

宫城南门西门道西侧门砧石

1. 门砧石（西→东）

2. 海窝及铁鹅台（北→南）

宫城南门西门道东侧门砧石

1. 东侧（西→东）

2. 西侧（东→西）

宫城南门西门道南端两侧砖壁

1. 西侧（东→西）

2. 东侧（西→东）

宫城南门西门道北端两侧砖壁

1. 西门道（东北→西南）

2. 东门道（东北→西南）

宫城南门门道将军石

宫城南门东门道（南→北）

宫城南门东门道（北→南）

1. 东壁（北→南）

2. 西壁（北→南）

宫城南门东门道东西两壁

1. 木地栿（北→南）

2. 木地栿（南→北）

3. 木地栿（西→东）

宫城南门东门道东侧木地栿

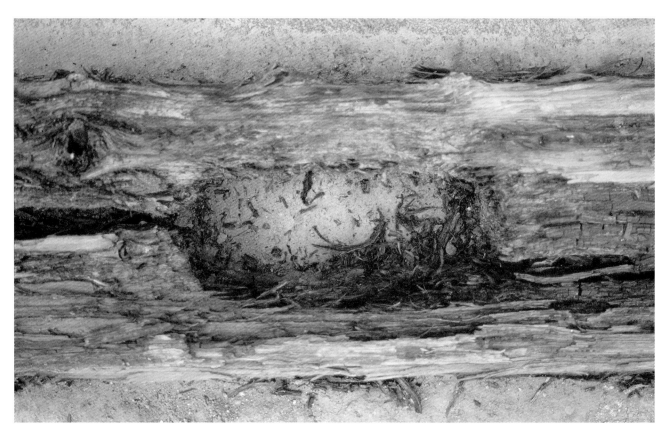

1. 木地栿排叉柱卯眼

2. 木质构件（自下向上依次为贴墙木板、立柱、木地栿和倒塌梁架）

宫城南门东门道木地栿及残存的木构件

1. 柱坑及坑内残存立柱

2. 倒塌立柱（西一东）

3. 倒塌立柱中部榫卯（上西下东）

宫城南门东门道残存立柱

1. 西侧门砧石（东→西）

2. 东侧门砧石（西→东）

宫城南门东门道门砧石

1. 东侧（西→东）

2. 西侧（东→西）

宫城南门东门道北端两侧砖壁

1．西侧（东→西）

2．东侧（西→东）

宫城南门东门道南端两侧砖壁

1. 西隔墙（东北→西南）

2. 西隔墙（西北→东南）

宫城南门西隔墙

1. 西隔墙（南→北）

2. 西隔墙（东北→西南）

宫城南门西隔墙

1. 东隔墙（西北→东南）

2. 东隔墙（东北→西南）

宫城南门东隔墙

1. 东隔墙（南→北）

2. 东隔墙（东北→西南）

宫城南门东隔墙

1. 北侧（北→南）

2. 南侧(南→北)

宫城南门西墩台

1. 北侧与行廊台基连接情况（西北→东南）

2. 北侧（东北→西南）

宫城南门西墩台

1. 夯窝

2. 西墩台北侧砖壁细部结构（东→西）

3. 西墩台北侧西部砖壁细部结构（北→南）

宫城南门墩台

1. 东墩台南侧（东南→西北）

2. 东墩台南侧（西南→东北）

宫城南门东墩台

1. 东墩台北侧（北→南）

2. 东墩台北侧（西北→东南）

宫城南门东墩台

1. 北部与行廊台基连接处（东北→西南）

2. 南部与行廊台基连接处（东南→西北）

宫城南门东墩台

1. 东阙台与行廊台基连接处（西南→东北）

2. 西阙台西北角角柱（西北→东南）

3. 西阙台东北角角柱（东北→西南）

宫城南门阙台

1. 西阙台南侧（南→北）

2. 北侧及矩形广场西侧局部墙体（北→南）

宫城南门西阙台

1. 东阙台北侧（北→南）

2. 东阙台南侧（南→北）

宫城南门东阙台

1. 残屋脊侧面

2. 残屋脊侧面

宫城南门东阙台残屋脊

1. 宫城南门东阙台残屋脊（背面）

2. 东侧行廊台基南侧砖壁底部（南→北）

宫城南门东阙台残存屋脊和行廊台基砖壁底部砌法

1. 北侧（北→南）

2. 南侧（南→北）

宫城南门西侧行廊台基

1. 南侧（南→北）

2. 北侧（北→南）

宫城南门东侧行廊台基

宫城南门丁东阙台北侧与城墙连接处（北→南）

1. 外部砖壁（东→西）

2. 外部砖壁（西→东）

宫城南门西马道

宫城南门西马道（西→东）

1. 南端（西→东）

2. 南端（北→南）

宫城南门内侧矩形广场东部围墙

1. 西部南端（东→西）

2. 东北角（西南→东北）

宫城南门内侧矩形广场围墙

宫城南门内侧矩形广场东墙、门及柱础分布（南→北）

宫城南门内侧矩形广场东墙与东阙台相接情况（北→南）

1. 方形底座上圆形鼓镜柱础石（北→南）

2. 长方形柱础石（北→南）

宫城南门内侧矩形广场围墙柱础石

1. 东墙柱础石相对关系（南→北）

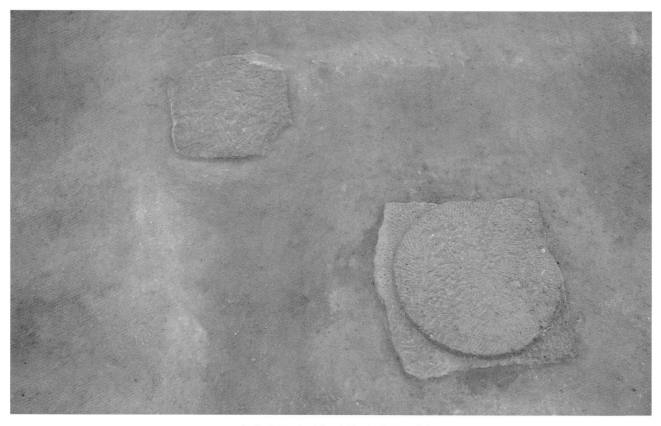

2. 东北角柱础石相对关系（西→东）

宫城南门内侧矩形广场围墙柱础石

1. 条砖正面（ⅠT1-5④：4）

2. 条砖背面（ⅠT1-5④：4）

3. 方形砖正面（ⅠT10-5④：15）

4. 方形砖背面（ⅠT10-5④：15）

1. 楔形削边砖正面（ⅠT6-5④：9）

2. 楔形削边砖背面（ⅠT6-5④：9）

宫城南门出土条砖、方砖和楔形砖

1．楔形削边砖正面（ⅠT1-5④：3）

2．楔形削边砖背面（ⅠT1-5④：3）

3．大型绳纹砖背面（ⅠT10-5④：14）

4．大型绳纹砖正面（ⅠT10-5④：14）

5．小型绳纹砖背面（ⅠT10-5④：13）

6．小型绳纹砖正面（ⅠT10-5④：13）

宫城南门出土楔形削边砖和绳纹砖

1. 卷草纹条砖（ⅠT6-6④：10）

2. 六角编扣花叶纹方砖（ⅠT6-1④：5）

3. 牡丹风轮龙纹方砖（ⅠT6-1④：6）

4. 菱形网格纹砖（ⅠT6-5④：7）

5. 筒瓦瓦背（ⅠT4-12②：4）

6. 筒瓦瓦内（ⅠT4-12②：4）

宫城南门出土灰陶砖和筒瓦

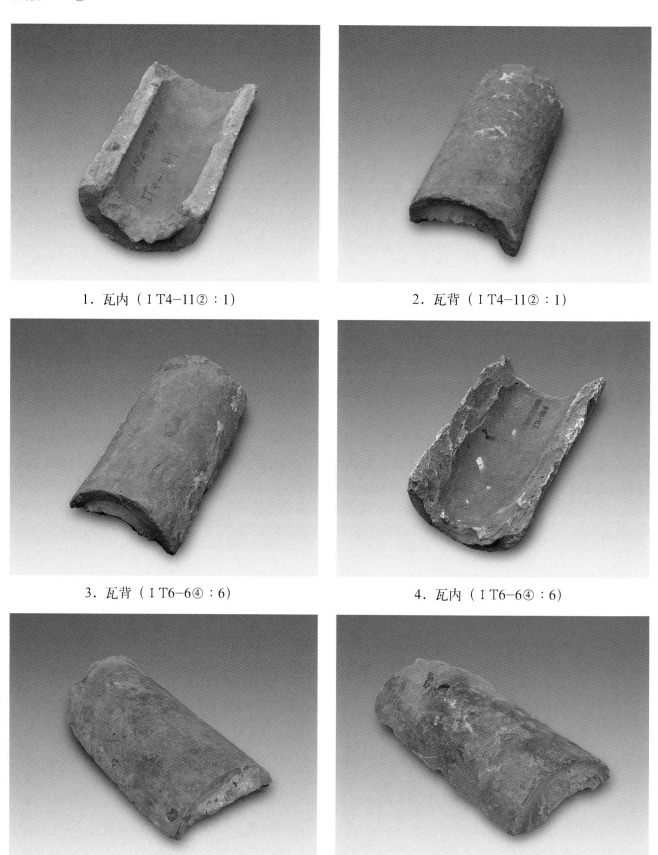

1. 瓦内（ⅠT4–11②：1）　　2. 瓦背（ⅠT4–11②：1）

3. 瓦背（ⅠT6–6④：6）　　4. 瓦内（ⅠT6–6④：6）

5. 瓦背（ⅡT1–3④：6）　　6. 瓦背（ⅠT9–5④：4）

宫城南门出土灰陶筒瓦

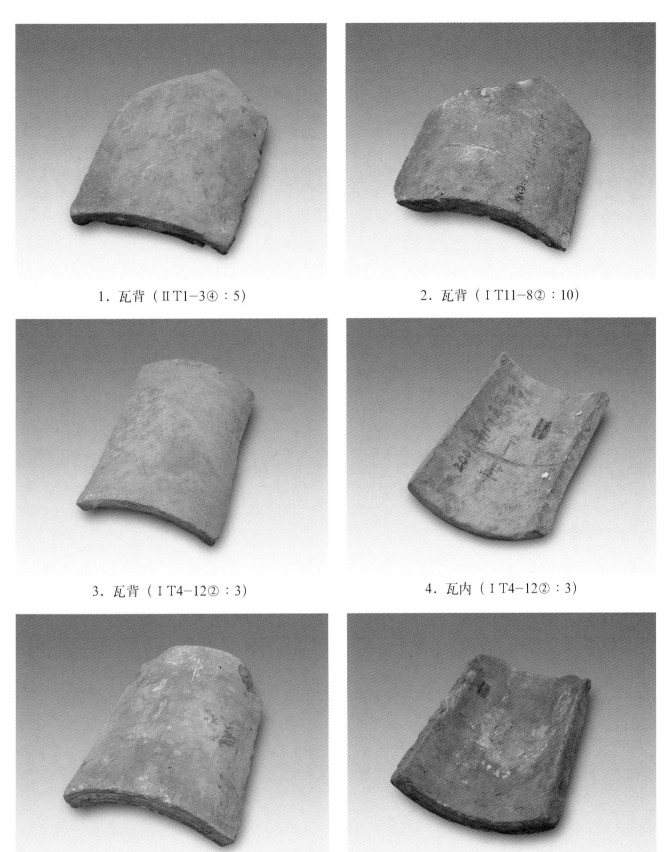

1. 瓦背（ⅡT1-3④：5）　　　　　2. 瓦背（ⅠT11-8②：10）

3. 瓦背（ⅠT4-12②：3）　　　　　4. 瓦内（ⅠT4-12②：3）

5. 瓦背（ⅠT7-3④：5）　　　　　6. 瓦内（ⅠT7-3④：5）

宫城南门出土灰陶板瓦

1. 铁靴臼（西门道西侧）

2. 铁钉（ⅠT2-3④：12）

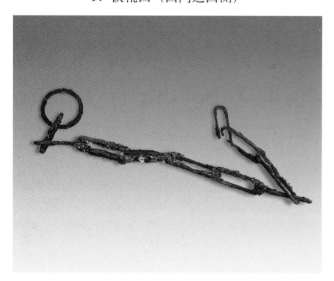

3. 铁索（ⅠT8-5④：17）

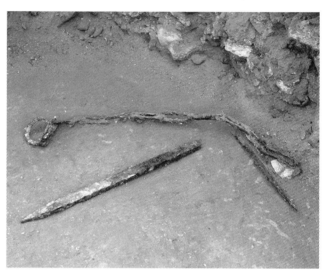

4. 铁索和榫钉

5. 榫钉（从上向下依次为ⅠT8-5④：19、
ⅠT8-5④：16、ⅠT8-5④：15和ⅠT8-5④：14）

6. 木构件（ⅠT2-4④：5）

宫城南门出土铁质和木质构件

1. 洞内情况（北→南）

2. 北口顶部东侧（东→西）

宫城南墙一号排水涵洞

1．北口顶部西侧（西→东）

2．西壁中南部(东北→西南)

宫城南墙一号排水涵洞

1．西壁中北部（东南→西北）

2．西壁北端（东北→西南）

宫城南墙一号排水涵洞

1．东壁北端（西北→东南）

2．东壁中北部（西南→东北）

宫城南墙一号排水涵洞

1．南口东壁（西南→东北）

2．西壁细部（东北→西南）

宫城南墙一号排水涵洞

1. 东壁与洞顶交接局部（西北→东南）

2. 东壁砌壁石块

宫城南墙一号排水涵洞

1. 铺地石北部（北→南）

2. 内顶（南→北）

宫城南墙一号排水涵洞

1．内顶（北→南）

2．北排铁栅栏（南→北）

宫城南墙一号排水涵洞

3. 北排铁栅栏顶部石缝（左西右东．上南下北）

4. 南部铺地石及南排铁栅栏位置（南→北）

宫城南墙一号排水涵洞

宫城南墙一号排水涵洞南排铁栅栏位置（北→南）

1. 墙基基槽发掘前（东南→西北）

2. 全景（西南→东北）

皇城南门结构

皇城南门全景（东→西）

1. 全景（西→东）

2. 西门墙基槽发掘前（南→北）

皇城南门结构

1. 东北侧（东北→西南）

2. 东南侧（东南→西北）

皇城南门西门墙

1. 东侧（东→西）

2. 南侧基槽发掘后（南→北）

皇城南门西门墙

1. 西门墙内部结构（东→西）

2. 西隔墙基槽发掘前（南→北）

皇城南门西门墙和西隔墙结构

1. 东北侧（东北→西南）

2. 东南侧（东南→西北）

皇城南门西隔墙

1. 西南侧（西南→东北）

2. 南侧（南→北）

皇城南门西隔墙

1. 东侧（东→西）

2. 西侧（西→东）

皇城南门西隔墙

1. 西隔墙内部结构（东→西）

2. 西隔墙内部结构（南→北）

皇城南门西隔墙内部结构

1. 南侧基槽发掘前（南→北）

2. 南侧（南→北）

皇城南门东隔墙

1．东北侧（东北→西南）

23．东南侧（东南→西北）

皇城南门东隔墙

1. 东侧（东→西）

2. 西北侧（西北→东南）

皇城南门东隔墙

1. 西南侧（西南→东北）

2. 西侧（西→东）

皇城南门东隔墙

1. 东侧（东→西）

2. 内部结构（东→西）

皇城南门东隔墙

1. 基槽发掘前（南→北）

2. 东侧（东→西）

皇城南门东门墙

1. 西北侧（西北→东南）

2. 南侧（南→北）

皇城南门东门墙

1. 西侧（西→东）

2. 西南侧（西南→东北）

皇城南门东门墙

1. 墙基基槽发掘前（南→北）

2. 东侧（东→西）

皇城南门西门道

1. 西门道（南→北）

2. Ⅰ号门砧石（东→西）

皇城南门西门道和门砧石

1. Ⅱ号门砧石（西→东）

2. 1号戗柱柱础（北→南）

皇城南门Ⅱ号门砧石和1号戗柱柱础

1. 1号戗柱柱础（东→西）

2. 2号戗柱柱础（南→北）

皇城南门1、2号戗柱柱础

1．2号戗柱柱础（东→西）

2．3号戗柱柱础（东→西）

皇城南门2、3号戗柱柱础

1. 3号戗柱柱础（北→南）

2. 4号戗柱柱础（南→北）

皇城南门3、4号戗柱柱础

1. 4号戗柱柱础（东→西）

2. 西门道将军石（西→东）

皇城南门4号戗柱柱础和西门道将军石

1. 西门道将军石（东南→西北）

2. 中门道墙基基槽发掘前（南→北）

皇城南门西门道将军石和中门道

1. 中门道（东→西）

2. 中门道（南→北）

皇城南门中门道

1. Ⅲ号门砧石（东→西）

2. Ⅳ号门砧石（西→东）

皇城南门Ⅲ、Ⅳ号门砧石

1. 5号戗柱柱础（北→南）

2. 5号戗柱柱础（东→西）

皇城南门5号戗柱柱础

1. 6号戗柱柱础（南→北）

2. 6号戗柱柱础（东→西）

皇城南门6号戗柱柱础

1. 7号戗柱柱础（北→南）

2. 8号戗柱柱础（东→西）

皇城南门7、8号戗柱柱础

1. 8号戗柱柱础（南→北）

2. 中门道将军石（东→西）

皇城南门8号戗柱柱础和中门道将军石

1. 中门道将军石（南→北）

2. 东门道墙基基槽发掘前（南→北）

皇城南门中门道将军石和东门道

1. 东门道（南→北）

2. 东门道（东→西）

皇城南门东门道

1. V号门砧石（东→西）

2. VI号门砧石（西→东）

皇城南门V、VI号门砧石

1. 9号戗柱柱础（东→西）

2. 9号戗柱柱础（北→南）

皇城南门9号戗柱柱础

1. 10号戗柱柱础（南→北）

2. 10号戗柱柱础（东→西）

皇城南门10号戗柱柱础

1. 11号戗柱柱础（东→西）

2. 11号戗柱柱础（北→南）

皇城南门11号戗柱柱础

皇城南门12号战柱柱础（南→北）

1. 泥质灰陶楔形砖（T1203③：1）

2. 泥质灰陶楔形砖（T1204③：8）

3. 泥质灰陶粗绳纹砖（T1206③：2）

4. 泥质灰陶粗绳纹砖（T1206③：3）

5. 绿釉琉璃板瓦（T1308③：1）

6. 黄釉琉璃云朵（T1207③：3）

皇城南门出土遗物

千帐编中都，一代亦云暮，风起风起，留下满眼青草！

许倬云书 二〇〇〇·六·廿

千里游子归乡，一代名都丢土

郑存顺 二〇〇〇·六·廿

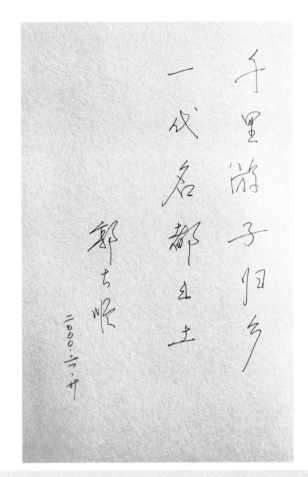

保护国宝 人人有责 赵德润

张森水 卫奇

吕遵谔 金家广

黄慰文 郑绍宗

袁家荣 陈全家

何椿坤 王幼平

题词

题词